FROM FARM TO GRILL

VON GUTEN PRODUZENTEN UND DEN PRIVATEN GRILLREZEPTEN DER SPITZENKÖCHE

EDITION RÖSLE
SINCE 1888

FROM FARM

Stets eine Option

Als die Menschheit begann, das Feuer zu beherrschen, lockte jenes zunächst durch seine Wärme zum geselligen Beisammensein. Schnell fiel aber auf, dass Glut und Hitze auch zum Garen des frisch erlegten Jagdgutes genutzt werden können. Die Urform des Grills war entdeckt, die Weiterentwicklung bis zum Herd nur eine Frage der Zeit. Diese wohl archaischste Methode der Speisenzubereitung verlor nie ihren Reiz. Auch wenn die Technik voranschritt, die Essenszubereitung in einen extra dafür vorgesehenen Raum verlagert und das offene Feuer durch elektrische Platten ersetzt wurde: Grillen ist heute beliebter als jemals zuvor.

Kultstatus

Das Grillen war ein Trend, der hierzulande zunächst überwiegend in Schrebergärten und im Siedlungsbau zu entdecken war. Würstchen und Fleisch aus dem Supermarkt herrschten damals – oft auch heute noch – auf dem Grillrost vor, und der geduldige Grillmeister versuchte, das Grillgut durch unentwegtes Drehen und Wenden vor dem Verbrennen zu bewahren.
In den letzten Jahren jedoch entwickelte sich das Grillen zunehmend zu einem allgemeinen Prestigethema, ja zu einer regelrechten Lebenseinstellung. Selbst in der gehobenen Gastronomie gewinnt Grillen immer mehr an Bedeutung – jene kulinarische Strömung ist es auch, die ohnehin momentan zusehends damit beschäftigt ist, sich ursprünglichen Produkten sowie Zubereitungsweisen zuzuwenden und diese neu zu interpretieren. Fermentation ist ein weiteres Beispiel dafür. Durch kontrollierte Zersetzung erhalten beliebige Zutaten einen neuen Charme in Geschmack und Konsistenz. Diese Methode verschwand zum größten Teil aus dem kulinarischen Sichtfeld der gehobenen Gastronomie und erlebt heute ihre Renaissance. Und ganz ähnlich verhält es sich mit dem Grillen.
Mit der zunehmenden Verbreitung des Grilltrends in allen Schichten ging auch die Professionalisierung der Ausstattung einher. Aus einfachen, wackeligen Schwenkgrills wurden robuste Kohletürme, und für den besonders bequemen Grillmeister wurde der Elektrogrill erfunden. Dann kamen die Kugelgrills – eine weitere Bereicherung der Szene, denn sie ermöglichen es nicht nur, anders zu grillen, sondern haben auch den Weg für raffiniertes Outdoor-Cooking geebnet. Mit dem richtigen Equipment können faszinierende Gerichte auf dem Grill zubereitet werden, durch direkte oder indirekte Hitze gegart sowie durch die Erfahrung des Grillmeisters oder die Technik gesteuert. Grillen und hohes kulinarisches Niveau schließen sich gegenseitig nicht aus, im Gegenteil, Grillen kann als bedeutende Weiterentwicklung der Küche angesehen werden. Vieles lässt sich auch aus dieser adaptieren, denn in beiden Bereichen geht es gleichermaßen um das Zusammenspiel von Texturen, Aromen und Temperaturen – dabei muss kein kompliziertes Gericht entstehen. Für ein Höchstmaß an Genuss bedarf es lediglich frischer Produkte von guten Produzenten. Und die sollten mit Liebe, Achtsamkeit und ein wenig Kreativität zubereitet werden.

Alles auf Anfang

Und an der Stelle setzt dieses Buch an. „From Farm to Grill" entstand aus einer Initiative der Edition Rösle. Mit dem Unternehmensclaim „Love.Cook.Live." steht das Unternehmen weltweit für das Miteinander der Menschen, einen nachhaltigen Lebensstil und die Wertschätzung von Lebensmitteln. Als Hersteller von Grill- und Küchenwerkzeugen befasst sich das Unternehmen täglich mit Fragen wie „Was ist gesunde Ernährung?" oder „Woher kommen die Lebensmittel, die ich meinem Körper zuführe?". Für die Beantwortung wird auf das Wissen von Profis, also Köchen, Landwirten und Ernährungswissenschaftlern zurückgegriffen. Und so wurde aus der leisen Idee, ein Buch zu produzieren, eine sichere Notwendigkeit. „Es wird jegliches Wissen über Höfe und Essenszubereitungen aufgegriffen, vor allem aber neu interpretiert. Das Buch soll uns ‚Vom Hof auf den Grill' erlebbar machen lassen", so Christel Anna Brechtel, Geschäftsführerin von Rösle.
„From Farm to Grill" erzählt also Geschichten von guten Produkten, deren Veredelung durch die Kunst des Kochens sowie von der Freude, das Essen gemeinsam am Tisch zu genießen. Zu diesem Zweck hat Rösle verschiedene Küchenchefs besucht sowie verschiedene Produzenten wie Fischer, Gemüsebauern oder Viehzüchter, die in enger Zusammenarbeit mit diesen Köchen stehen. Diese Kooperationen werden Ihnen in diesem Buch vorgestellt, die Produkte landen natürlich auf dem Grill. Zubereitet werden sie von den je-

TO GRILL

weiligen Chefs, aber keinesfalls so, wie sie es für die Gäste in ihren prämierten Restaurants machen würden, sondern so, wie für ihre Familien und Freunde. „From Farm to Grill" bietet ihnen also die außergewöhnliche Möglichkeit, seltene Einblicke in den privaten Bereich der Chefs zu bekommen, ja quasi mit den Köchen gemeinsam an einem Tisch zu sitzen.
Bei der Wahl der Mitwirkenden wurde gewissenhaft darauf geachtet, dass alle konsequent und mit großer Überzeugung einen bestimmten Weg beschreiten: ökologisch verträglich, sozial verantwortlich und ökonomisch erfolgreich zu handeln. Sie alle besitzen diese bestimmte Grundhaltung, regionale Kreisläufe zu stärken, handwerkliche Arbeit zu erhalten, stets im Dialog mit ihren Kunden zu stehen und dabei absolute Transparenz zu garantieren.
„From Farm to Grill" ist daher kein gewöhnliches Grillbuch, „sondern ein Konzept, das die Menschen regional zurück zur Natur und in ländliche Regionen weisen soll. Lebensmittel, die gerade Saison haben und aus der Region kommen, natürliche Anbaumethoden statt intensiver Landwirtschaft, all das ist Teil einer Ernährungsweise im Wandel." Und dieser gilt es in Zukunft besondere Aufmerksamkeit zu schenken.
„Es ist Zeit, neue Wege zu gehen und sich auf das Wesentliche zu besinnen. Nur wer innehalten kann, kann auch anderen vorausgehen." Ursprüngliche Werte sollen wieder gelebt werden. Ein behutsamer Umgang mit der Natur ist wichtig. Einfach leben und regional denken, funktionale Produkte mit gutem Design und langer Lebensdauer sowie raffiniert zubereitete Speisen mit Familie und Freunden genießen, das sind Traditionen, die Rösle schätzt und respektiert. Traditionen und Werte, für die das Unternehmen in über 30 Ländern vertreten ist.

Inspiration und Identifizierung
Seit nunmehr 126 Jahren begeistert Rösle mit seinen Produkten Hobby- und Profiköche weltweit. Was einst als kleines Familienunternehmen im allgäuischen Marktoberdorf begann, wuchs im Nu zu einem geschätzten Weltunternehmen. Der Ursprungsbetrieb war auf Dachentwässerungen spezialisiert, entwickelte aber, um sich auch in den Wintermonaten auszulasten, die Idee, zusätzlich Artikel für den Küchenbereich herzustellen. Vorerst ausschließlich für die Gastronomie gedacht, verlagerte sich der Schwerpunkt mit zunehmender Beliebtheit auf den Bedarf des Privatkunden. Schnell kletterte das Unternehmen auf eine Stufe mit anderen bekannten Herstellern in dieser Branche und schaffte gekonnt eine deutliche Abgrenzung zu jenen. Hohe Qualität, Innovation und Nachhaltigkeit sind bedeutende Elemente der Unternehmensphilosophie, die in ruhigen, geradlinigen und reduzierten Artikeln zum Ausdruck gebracht wird. Mit der Rösle-Grill-Barbecue-Range hat das Unternehmen einen weiteren Meilenstein gesetzt. Rösle stellt damit ein Vollsortiment im Grillbereich zur Verfügung. Mit der Intention, alle Probleme und Fehler der Branche zu beheben, hat Rösle eine Range entwickelt, die schon jetzt in der gesamten Grill-Community durchschlagende Erfolge feiert.
„Nah dran an der Natur", so lautet die Rösle-Barbecue-Botschaft, und dies soll mit diesem Buch kommuniziert werden.
Mit seinen Produkten richtet sich das Unternehmen an eine vielschichtige und fragmentierte Zielgruppe, möchte sich längst nicht nur auf einen elitären Bereich begrenzen, sondern jedem Kunden, der mit Begeisterung kocht, und grillt beste Inspiration und Identifizierung bieten.

Einfach leben ...
... kann jeder – vom Kind über den Erwachsenen bis hin zum älteren Menschen. Es geht darum, Menschen für einen Lebensstil zu gewinnen, mit dem man hohe Lebensqualität erlangt – und das bezahlbar. Und es ist auch nicht aufwendiger, als im Supermarkt durch Drücken und Riechen zu versuchen, die annehmbarste Tomate oder Paprika zu ergattern. Wer regional denkt, genießt natürliche Lebensmittel, die er selbst angebaut oder von örtlichen Produzenten gekauft hat. Positive Effekte dieser Lebensweise bestehen darin, genau zu wissen, woher die Produkte kommen und wie sie angebaut werden. Zusätzlich wird die heimische Wirtschaft unterstützt und die Produktion von guten Lebensmitteln gefördert. Die Umwelt wird geschont, da Transportwege über Tausende von Kilometern wegfallen, und der Mensch wird zu einem natürlichen Leben im Rhythmus der Jahreszeiten inspiriert – säen, wachsen, ernten.

INHALT

002	From Farm to Grill
008	**Vom Beeriland, dem Demetergarten und der bezaubernden Tanja Grandits**
010	Der Geschmack der Farben
012	Der Stucki-Familien-Grill
014	Der Legumier Peter Berg
016	Sendungsbewusstsein
018	Wiesners Beeriland
020	Teamwork
022	Enge verwandte Brombeeren und Himbeeren
024	Rösttomatensuppe, Sternanisöl, Fenchel Fladenbrot
026	Zander-Verveine gebeizt, Grillzucchini, Grüntee-Joghurt
028	Kürbis-Ziegenkäse-Salat, Safran-Ducca, Kapuzinerblüten
030	Der Geschmack Blau
032	Côte de Boeuf, Brombeersalsa, blaues Gemüse, Mohnbutter
034	Stockbrot
036	Apfel-Leinsamen-Tarte, Mandelcreme, Thymianzucker
038	**Von zarten Lämmern, würzigem Käse und alten Gemüsesorten von Knuthenlund**
040	Grillen auf Gutsherrenart
042	Am Hof, wo Milch und Joghurt fließen
044	Sanfte Tierhaltung
046	Attacke, … die Dänen kommen
048	Einklang
050	Ziegenkotelett, Tomate und Kartoffel
052	Lammkeule, Spitzkohl
054	Lammspareribs, Krautsalat
056	Äpfel, Schafs-Crème-fraîche
058	**Von der Gemeinschaft der Windrather Höfe, Hof Vorberg und vom helfenden Stemi**
060	Stembergs Welt
062	Pionier der regionalen Küche
064	Family guy
066	Die Windrahter Höfe
068	Der Vorberg-Hof
070	Die Glücksschweine
072	Sauerteigstulle mit Schafscamembert, Tomate und Kräutern vom Wegesrand
074	Süßkartoffeln mit Tandoori-Creme
076	Koteletts vom Landschwein mit geschmortem Kürbis, Orange & Kümmel
078	Äpfel aus dem eigenen Garten mit Blutwurst und Röstbrot
080	Bio-Camembert mit Rauchmandeln, Feigen und Honig
082	**Von ursprünglichen Produkten, modernen Techniken und einem Koch, der die Verbindung schafft**
084	Die Verschmelzung zweier Welten
086	Kulinarischer Umbruch
088	Wintergrill
090	Das Livar-Klosterschwein
092	Ein ideales Quartett
094	Livar-Schweinebäckchen, Raz al Hanout, Linsen, Sellerie
096	Gezupfte Livar-Schweineschulter, Brombeerholz geräuchert, Sauerrahm, Pflücksalat, Ciabatta
098	Livar-Schweinehaxe mit Ducca, Schwarzwurzeln mit Lavendel, Dicke Bohnen
100	Livar-Schweinekarree mit Hofkräutern, Apfel und Hagebutte, Petersilienwurzeln mit Sauerampfer
102	Livar-Kachelfleisch, geschlossener Kopfsalat, Tomaten mit Vindaloo-Curry

104	**Von alten und neuen Lieben, von der Liebe zu zarten Pflanzen und riesigen Kohlköpfen und von der Liebe zum Brotbacken**	**152**	**Vom Wasser, von Fischen und von Fischliebhabern**
106	Neue Liebe in der alten Zirbelstube	154	Das Haus am See
108	Mitten im Filderkraut	156	Schwingshackls Esskultur
110	Der Keltenhof	158	Fischerei am Tegernsee
114	Drei Körner von der Alb	160	Cooles Marketing
116	Gegrillter Roggen-Dinkel-Fladen mit roten Zwiebeln, Cambertischinken, Wildkräutersalat und Kräuterhüttenkäse	162	Fette Beute
		166	Fischzucht von Adel
118	Kartoffel-Filderkraut-Pflanzerl mit Papayasenf	170	Saltimbocca vom Tegernseer Hecht
120	Gegrillte Romanasalatherzen mit Parmesan, Schalotten und Kirschtomaten	172	Tegernseer Saibling auf dem Holzbrett
		174	Bachkrebse aus dem Tegernsee mit grünem Spargel und Tomate
122	Filderkraut Rouladen mit Graupen und Petersilie	176	In Heu gebeiztes Flank Steak
124	Auf Zedernholz gegrillter Bachsaibling, Avocado, Oxalis und Sweet-Chili-Sauce	**178**	**Von sagenumwobenen Rindviechern und einem rockenden Koch aus dem Bayerischen Wald**
126	**Von selbst hergestellten Produkten, dem Hof der Kellers und Christian Mittermeier**	180	Feuer, Fleisch und Heavy Metal
		182	Ein tierischer Luxus
128	Back to the roots	184	Immer her mit dem Fleisch
130	Der Tauberhase	186	Fleißarbeit
132	Familienfest	188	Bauernfrühstück de luxe
134	Auf dem Kellerhof	190	Hopfendolden
136	Vom Schwein zum Gemüse	192	Kronfleisch vom Wagyu in Wacholder-Senf-Mop mit Hopfendolden geräuchert
138	Alles von einem Hof		
140	Gegrilltes Gemüse mit Sesam, Koriander und Ducca	194	Sengzelten mit Wagyuschinken oder Schweinebauch, saure Sahne und Schafgarbe
142	Lauch mit Salzzitrone und grünem Pfeffer	196	Luckis Rinderfilet & Caesar Salad
144	Steckrübe und violette Kohlrabi mit Nussbutter, Petersilie und Buchweizen	198	Täubchen mit Bohnenkraut, Wacholder und Taubenklein-Graupen-Risotto
146	Sellerie-Kirsch-BBQ	200	Preiselbeerschmarrn mit Staubzucker und warmem Mispellikör
148	Honigkarotte mit schwarzem Pfeffer		
150	Blue-Kuri-Kürbis mit Cranberrys und Ingwer	**202**	**Heilige Feuerstätte**
		204	Männerspielzeug
		206	Für Fortgeschrittene
		208	Impressum

VOM BEERILAND, DEM DEMETERGARTEN UND DER BEZAUBERNDEN TANJA GRANDITS

DER GESCHMACK

Stadt mit Charakter(-köpfen)
In einer vom Rhein geschaffenen Senke, wo der Fluss die Schweiz Richtung Nordsee verlässt, direkt am Dreiländereck zu Deutschland und Frankreich gelegen, erstreckt sich die charmante Stadt Basel. In den 70er-Jahren war es der berühmte Schweizer Hans Stucki (1929–1998), der dort sein Restaurant „Bruderholz" mit viel Grandezza und ausnahmslos französischer Küche in den Sternehimmel von Michelin kochte. Nach dem Tod des berühmten Meisters übernahmen Patrick Zimmermann und einer von Stuckis Schülern, Jean-Claude Wicki, die Kochlöffel. 2008 trat Tanja Grandits dann in die Fußstapfen des verstorbenen Patrons, machte aus dem „Bruderholz" das „Stucki" und führt es bis heute mit derselben Passion, aber ihrem eigenen, ganz anderen Stil weiter.

Vom „Bruderholz" zum „Stucki"
Mit der Tram fahren wir von der Stadt auf den Bruderholz, gelegen im gleichnamigen Stadtteil, der durch diesen Hügelzug seinen Namen erhielt. Knarzend von einer Station zur nächsten und einmal über den Rhein geht es ab hier immer ein bisschen mehr den Berg hinauf. Kurz nach dem Scheitelpunkt, fast schon wieder zurück Richtung Tal, steigen wir an der Haltestelle Studio Basel aus. Vor uns erstreckt sich eine recht noble Wohngegend. Mit Blick auf die Stadt und den Rhein lässt es sich hier ganz sicher traumhaft leben. Auch das „Stucki" fasziniert uns mit seiner imposanten Ausstrahlung. Eine große bürgerliche Villa im Gründerzeit-Stil aus dem Jahre 1929. Früher war das Restaurant ein beliebtes Ausflugsziel für Familien. Nach einem Aufstieg auf den Bruderholz konnte man bei Brot und Bier die Aussicht genießen. Im Laufe der Zeit kleideten sich die Hänge aber mehr und mehr mit schweren Häusern, und die Straßenführung glich mit den verzweigten Passagen zunehmend der eines Ameisenbaus. Später erfahren wir, dass selbst den Taxifahrern Schweißperlen auf der Stirn stehen, sobald sie dort hinauf gerufen werden. Das Restaurant „Bruderholz" entwickelte sich unter Hans Stucki zu einem kulinarischen Tempel, für die Schickeria der Gegend aber auch für Gäste von weiter her. Nach dem Tod des berühmten Meisters und der Übernahme von Patrick Zimmermann und Jean-Claude Wicki veränderte sich in der Villa kaum etwas, sie verlor allerdings irgendwie an Glanz und Glamour und letzten Endes blieben die Gäste aus. Tanja arbeitete zu dieser Zeit in der Küche des eher ländlichen Hotels „Thurtal" im 150 Kilometer entfernten Eschikofen am Bodensee. Nach ihrer Ausbildung im Hotel „Traube Tonbach" sowie einigen inspirierenden Jahren im Restaurant „Claridges" in London und im „Château Montcaud" in Südfrankreich wurde sie dort mit ihrem ehemaligen Mann René Graf Grandits sesshaft. Dann bekam sie das verlockende Angebot, das „Bruderholz" zu übernehmen. Nach ersten Zweifeln, ob sie der Aufgabe gewachsen sei, machte sich das Paar mit der gemeinsamen Tochter im Gepäck auf den Weg nach Basel. Die toughe Frau installierte sich schnell im Quartier. Sie restaurierte die Villa auf ihre eigene Art, verpasste der Inneneinrichtung einen modernen, schicken Stil und gab dem Restaurant als Hommage an den Koch, der dort einst Großes vollbrachte, den neuen Namen „Stucki".

Eine Harmonie aus Gegensätzen
Auch in der Küche wurden andere Seiten aufgezogen. Die zielstrebige Köchin erschuf einen eigenen, individuellen Stil, ganz anders, als es die Gäste aus dem ehemaligen „Bruderholz" gewohnt waren. Ganz anders als alles, was es bis zu diesem Zeitpunkt schon gab. Tanja wurde zur Pionierin und erschuf etwas Neues. Sie kreuzte das Wissen, das sie bei ihren unterschiedlichen Küchenstationen gesammelt hatte, mit eigenen, persönlichen Vorstellungen, ihrer Liebe zu Farben und dem Streben nach absolutem Einklang und ließ so eine moderne, außergewöhnliche und facettenreiche Aromenküche entstehen, sehr frisch und säurebetont. Ein Hauch von asiatischen und orientalischen Gewürzen gibt dabei des Öfteren den besonderen Touch. Angelehnt an ihr Chemiestudium – die erste Richtung, die sie nach dem Abitur einschlug – baut sie all ihre Rezepte wie Formeln auf und komponiert so jedes Mal aufs Neue eine durchdachte Harmonie aus Gegensätzen. Gewürze und Farben sind dabei der zentrale Schlüssel. Das Geheimnis liegt in der Interdependenz von Farbe und Geschmack. Tanja entdeckte, dass Farben stets auch für Aromen stehen. Jeder Gang ist daher sowohl farblich als auch geschmacklich absolut in sich stimmig, kommt passend zum Gemüt der Köchin sehr leise, selbstverständlich und dezent daher. Ein weiteres charakteristisches Element ihres Kochstils ist das Spiel mit Texturen. Arrangements von crunchi-

DER FARBEN
TANJA GRANDITS

DER STUCKI

gen mit schaumigen oder rohen mit garen Elementen sind dabei nicht selten. Wichtig sind aber nicht nur die Speisen an sich, sondern auch das Geschirr, auf dem diese angerichtet werden. Die Floskel „Das Auge isst mit" klingt ziemlich abgedroschen, bekommt aber durch Tanja eine sehr wichtige Rolle zugesprochen. Denn Gerichte werden in ihrer Küche niemals auf kantigen Tellern angerichtet – harmonisch und geschwungen müssen sie sein. Jeder Teller ist farblich auf die Zutaten abgestimmt, die darauf angerichtet werden. Zudem bestehen diese Zutaten immer auch aus farblichen Abstufungen ihrer selbst. Grün-rot-gelbe Kombinationen werden nicht zu finden sein. Geschmack verbindet sich nicht nur mit Farben und Gewürzen, sondern auch mit Erlebnissen und Gegebenheiten. Alles muss daher „im Moment des Essens" in einer vollkommenen Harmonie fließen. Tanjas Küchenstil hat eine unverwechselbare und unkopierbare Handschrift. Durch hohe Präzision hat sie es geschafft, eine neue Art der Zubereitung zu etablieren, facettenreich und balanciert. Dieses von Grund auf durchdachte Farbkonzept ist definitiv ein persönliches Merkmal, eine Autorenküche mit großer kulinarischer Individualität. Das sah Michelin ganz ähnlich und verlieh dem Restaurant daher 2013 einen zweiten der beliebten Sterne.

Die „Stucki-Familie"
Als harmonisch kann auch die Atmosphäre im „Stucki" beschrieben werden. Das Personal, ein recht junges Team, alle sehr aufgeschlossen und freundlich, unterliegt keineswegs dem Zwang akkurater Etikette. Das ist deutlich zu spüren. Auf hohem, professionellem Niveau erlebt man hier ein recht lockeres Flair, sowohl untereinander als auch im Umgang mit den Gästen. Immer wieder werden Scherze gemacht und es wird gelacht. Tanja ist eine familiäre Stimmung in ihrem Restaurant sehr wichtig. Um den Zusammenhalt des Teams zu stärken, wird daher zweimal täglich zusammen gegessen – bei schönem Wetter meistens im Hinterhof. Dort steht ein langer lilafarbiger Tisch, an dem dann alle gemeinsam sitzen können. Wir entdecken dort auch einen großen Grill und erfahren, dass dieser eine ganz besondere Stellung im „Stucki" hat. Denn oftmals werden darauf Zutaten für die Menüs zubereitet. Marco, Tanjas Souschef, ist für diesen Bereich verantwortlich. Von ihm kam auch die Inspiration, den Grill in den Restaurantbetrieb zu integrieren.

Viel intensiver kommt dieser allerdings bei Personalfesten zum Einsatz. Dann wird das Grillen sogar zu einem richtig großen Event. Alle sitzen zusammen, lachen, essen und trinken, vergleichbar mit einem Familientreffen. In der Gastronomie zu arbeiten, nimmt bekanntermaßen sehr viel Zeit in Anspruch, meistens ist es schwierig, nebenher ein Privatleben zu führen. Umso schöner ist dann die Verbindung von Privatem und Beruflichem und umso perfekter, wenn diese beiden Bereiche komplett ineinander verschmelzen und miteinander harmonieren. Sich Lebensqualität zu erhalten, ist etwas sehr Wichtiges. Tanja erzählte uns, dass Grillen dafür ganz besonders gut geeignet sei, „so sozial und verbindend". Jeder habe dann seine eigene Aufgabe: „Marco, der Saucier, macht immer die ganzen Fleischsachen parat, die Mitarbeiter von der kalten Küchen machen leckere Salate und verschiedene Saucen. Der Entremetier hat letztes Mal so wunderschöne Gemüsesäckchen hergestellt." Am Ende kommen alle zusammen, bedienen sich am reichhaltigen Buffet und können sich einfach mal eine Auszeit nehmen. Wichtig sind dabei auch die Produkte, die zubereitet werden. Frisch und gesund müssen sie sein, das ist Tanja sehr wichtig. Salate, Obst und Gemüse sind feste Bestandteile aller „Stucki"-Grillevents, haben immer ihren festen Platz auf dem Grillrost. Und diese Zutaten besorgt sie sich dann von zwei ganz speziellen Lieferanten, Thomas Wiesner und Peter Berg. Letzterem statten wir zuerst einen Besuch ab.

FAMILIEN-GRILL

DER LEGUMIER

Eine ganz besondere Gärtnerei
Um zur Gärtnerei von Peter Berg zu kommen, muss man von Basel aus wieder über die Grenze nach Deutschland fahren. Aber nicht weit, nur ein kurzes Stück. Denn direkt an den südlichen Ausläufern des Schwarzwaldes liegt schon die kleine Stadt Binzen und an der Ortsgrenze unser Ziel. Das Familienunternehmen verteilt sich dort auf insgesamt 35 Hektar. Der Grund, warum Tanja ausgerechnet von diesem Betrieb ihre frischen Zutaten bezieht, ist die Art des Anbaus. Denn biologisch-dynamisch wird dort gewirtschaftet, und das bereits seit 42 Jahren. Kopf der Gärtnerei ist Peter, ein groß gewachsener, robuster Mann. Wir kennen ihn schon länger, auch wenn wir ihm heute das erste Mal begegnen. Peter Berg ist schon seit Jahren regelmäßig in unterschiedlichen Fernsehformaten unterwegs. Dort gibt er Tipps für Bio- und Demetergärten, stellt verschiedene Gemüsevarianten vor oder tauscht sich mit Köchen aus. Später lernen auch wir sein unglaublich tiefgründiges Fachwissen kennen und merken schnell, wie sehr er von seiner Arbeit überzeugt ist. Zunächst jedoch lassen wir uns ein bisschen in der Gärtnerei herumführen und staunen nicht schlecht: Wir kommen von einer Halle in die nächste, entdecken immer wieder „Kunstwerke" in Form von erfinderischen Stauräumen, gesprayten Schriftzügen oder Gegenständen, die trotz ihrer scheinbaren Wahllosigkeit doch irgendwie einen Sinn ergeben. Dann kommen wir zum Außenbereich. 70 verschiedene Gemüsesorten werden hier kultiviert, alle nach Demeter-Prinzip.

Der geheimnisvolle Demeter-Kosmos
Begründet wurde diese Philosophie Anfang des 20. Jahrhunderts durch den Österreicher Rudolf Steiner. Mit seiner anthroposophischen Weltanschauung inspirierte er viele unterschiedliche Lebensbereiche, unter anderem auch die Landwirtschaft. Diese Philosophie zu vertreten, bedeutet, seinen Hof als geschlossenen Kreislauf anzusehen. Ziel ist es, Kräfte für die Wiederbelebung von Tieren, Böden, Pflanzen und letztendlich über die Nahrung auch des Menschen zu aktivieren. Um dieser Intention zu folgen, werden sogar scheinbar mysteriöse Methoden angewandt, beispielsweise die Nutzung von Tierpräparaten. Diese werden als Naturheilmittel angesehen und nur in geringen Dosen eingesetzt. Das Präparat besteht aus einer tierischen Organhülle, die mit Kuhmist und Pflanzenteilen aus dem eigenen Betrieb gefüllt und dann für mindestens ein halbes Jahr im Boden vergraben wird. Verwendet wird später nur der Inhalt, aber schon die Präparatvorbereitung ist laut Steiner ein wichtiger Schritt im biologischen Prozess, denn die Organhüllen sollen die Lebenskräfte aus dem Boden auf die im Organ befindlichen Substanzen zentralisieren, ähnlich dem Potenziervorgang homöopathischer Mittel, bei dem die Materie in messbare Energie überführt wird. Benutzt werden die Präparate dann einerseits als sogenannte Spritzpräparate, die mit Wasser vermischt und nach einer Stunde ausgiebigem Umrühren auf dem Feld verteilt werden. Andererseits werden sie auch als Düngerzusatzpräparate verwendet. Diese strahlen laut Steiner nach einem punktuellen Einbringen in den organischen Dünger ihre Kräfte in den Rest des Düngers aus. Ein weiteres geheimnisvolles Ritual ist „der Blick in den Himmel". Denn die biodynamische Landwirtschaft berücksichtigt kosmische Einwirkungen und arbeitet mit den Einflüssen der Planeten und Tierkreise. 1924 hielt Steiner dazu auf einem großen Betrieb vor 150 Landwirten acht Vorträge, immer auf die Nahrhaftigkeit der Nahrungsmittel und den richtigen Umgang mit diesen bezogen. Durch das Weitertragen des Ansatzes entwickelte sich die sogenannte Demeter-Bewegung. Seit 1970 wirtschaftet die Berg'sche Gärtnerei nun schon nach diesem Prinzip, verfolgt es fundamental, keinesfalls altbacken, sondern immer mit einem eigenen Credo versehen. „Die Welt hat sich weitergedreht, und wir stehen heute an einem ganz anderen Punkt als vor 90 Jahren", so Peter Berg. Seminare zur richtigen Kompostherstellung oder Kleingruppenkurse zur Präparatvorbereitung bietet er daher auf seine ganz eigene und moderne Weise an. Aktive Mitarbeit wird von den Teilnehmern gefordert, so bekommen diese ein ganz anderes Bewusstsein für die Produkte und meistens auch ein anderes Verständnis für all die mystischen Demeter-Rituale.

Generationswechsel
Peter Berg selbst ist eigentlich gar kein ausgebildeter Gemüsegärtner, sondern absolvierte seine Lehre in einer Staudengärtnerei. Erst einige Jahre später machte er diese Kehrtwende, zusammen mit seinen Eltern und der geerbten Gärtnerei seines Opas. Dieser legte den Grundstein der Familiendynastie und eröffnete einen Zierpflanzen-Betrieb, ein Dorf vom heutigen Standort entfernt gelegen. Nach einiger Zeit übernahmen dann Peters Eltern das großväterliche Unternehmen, Peter

SENDUNGSBEWUSSTSEIN

selbst stieg auch mit ein ins Geschäft. 1969 suchten sie dann nach neuen Wegen. Biologisch sollte es sein, denn Peters Mutter hatte ein Buch darüber gelesen und war absolut überzeugt davon. Erfahrung mit der Methode hatte allerdings keiner aus der Familie. Die Bergs schalteten daraufhin eine Zeitungsanzeige. Personen mit dem richtigen Know-how wurden gesucht, die bei der neuen Ausrichtung behilflich sein sollten. Antwort erhielten sie von zwei erfahrenen Biobauern, beide Anhänger der Demeter-Bewegung, damals die einzige biologische Anbauform. Peter Berg erzählte uns, dass jede Form von Bioanbau, die es heute gibt, Abspaltung dieser Ursprungsbewegung sei, allesamt ein bisschen vereinfachter. Im selben Jahr wurde die Gärtnerei dann umgestellt, und mit einher ging auch die Umstellung von Zierpflanzen auf Obst und Gemüse. Den Großteil ihrer Kenntnisse vermittelten ihnen die zwei Biobauern, einiges lernten sie aber auch durch Weiterbildungen bei Kollegen. Seit 20 Jahren befindet sich die Gärtnerei nun an ihrem heutigen Standort. Jetzt steht die nächste Generation in den Startlöchern. Einer von Peters drei Söhnen, Stefan, schon seit Jahren eine hilfreiche Stütze in der Gärtnerei und in allen Bereiche bestens durch den Vater instruiert, wird demnächst offiziell das Familienzepter übernehmen. Peter ist stolz darauf, dass so das Familienerbe weitergetragen wird. Er kann sich beruhigt zurückziehen. Vor allem die wirtschaftliche Verantwortung kann er nun abgeben, und dafür ist er überaus dankbar.

Bewusstsein schaffen
Das Gärtnern wird dagegen auch in Zukunft seine große Leidenschaft bleiben. Verstärkt möchte er sich auf die Suche nach weiteren Gemüsesorten machen, keinesfalls aber neue Arten entdecken, sondern längst vergessene wieder regenerieren. „Eigentlich leben wir heute in einer recht einsamen Zeit. Zehn Gemüsesorten werden für 90 Prozent der Speisen benutzt und generieren 80 Prozent des Umsatzes, alle anderen werden als Exoten bezeichnet." Auch Peter Berg verfügt über Paprika, Gurke, Tomate und Co. – natürlich nicht optisch makellos oder auf bestimmte Größen gezüchtet, sondern so, wie sie die Natur ursprünglich hervorbringt. „Ich brauche diese 08/15-Sachen, um eine gewisse Grundrentabilität zu fahren, aber genauso gehören die Exoten zu meiner Ware." Und davon hat er immerhin zehn bis zwölf unterschiedliche Sorten: Hirschhornwegerich, Batavia-Salate, Chayote oder eine vielfältige Asia-Auswahl gehören beispielsweise dazu. Es sei wichtig, diese noch recht unbekannten Gemüsearten auf dem Markt zu platzieren, da sie ansonsten für immer Nischenprodukte bleiben und sich die Artenvielfalt in den Küchen kaum verändern wird. Dieses Ziel hat sich Peter für die Zukunft gesetzt. Als Legumier möchte er gesehen werden. Das Pendant zum Sommelier. Seinen Kunden das Gemüse so empfehlen, dass ein viel größeres Bewusstsein für die einzelnen Sorten entsteht. Er möchte Köche herausfordern und generell mit diesen intensiver im Dialog stehen. Die meisten seien in ihren Strukturen festgefahren und nähmen, was ihnen der Großhändler anbiete. Auch das Bewusstsein für samenfeste Sorten müsse gestärkt werden: „Wie gerne essen wir Clementinen oder kernlose Weintrauben. Ist ja auch angenehmer, nicht immer auf den lästigen Samen rumkauen zu müssen. Diese Form nennt man männlich steril. Dinge ohne Reproduktionskraft." Die Kerne seien allerdings extrem wichtig. Aus ihnen können weitere ihrer Art entstehen, und sie dienen zusätzlich als Vogelnahrung. „Das Wissen zu transportieren, wie Ware wirklich aussieht und schmeckt, ist noch ein weit auszubauendes Feld." Diese und viele weitere Grundhaltungen pauken die Lehrlinge der Berg'schen Gärtnerei daher von Anfang an. „Ich lege die Messlatte hoch und drunter herlaufen kann jeder, aber diese zu überwinden, schafft man nur, wenn wirklich begriffen worden ist, worum es geht. Wie Goethe schon sagte: ‚Was du ererbt von deinen Vätern hast, erwirb es, um es zu besitzen.'"

WIESNERS

Gute Produkte so nah

In Bottmingen, etwa zwölf Kilometer Luftlinie von der Gärtnerei in Binzen entfernt, wieder zurück in Basel, da treffen wir auf einen weiteren besonderen Produzenten von Tanja Grandits, Thomas Wiesner. Er hat dort sein Beeriland. In diesem kultiviert er auf knapp sieben Hektar eine Handvoll unterschiedlicher Beerensorten und seit einigen Jahren auch weißen Spargel. Vom „Stucki" liegt der Hof nur einen kurzen Spaziergang entfernt. Oft fahren sie vom Restaurant aus über einen Feldweg dorthin, um die Produkte zu kaufen, müssen jedoch in letzter Zeit einen kleinen Umweg durch die Stadt nehmen. Die Polizei überwacht vermehrt die beliebte, aber mit dem Auto gewissermaßen verbotene Abkürzung. Auch wir schlängeln uns wieder durch die vielen Einbahnstraßen und engen Wege. Nach etwa 20 Minuten Fahrt kommen wir an. Hoch oben auf dem Berg, leicht im Nebel versunken, taucht vor uns ein großer Holzschuppen auf. Hinter ihm liegen, schwach zu erkennen und bis an den Horizont gezogen, Felder und Ackerland.

Von der Beere bis zum Spargel

Thomas entdecken wir schnell. Mit grüner Gärtnerhose, kariertem Hemd und wetterfesten Schuhen gekleidet, schwingt er sich gekonnt von seinem Trecker. Herzlich werden wir empfangen, an sein Schweizerdeutsch müssen wir uns erst gewöhnen.
Seit 45 Jahren gibt es das Beeriland bereits. Gegründet wurde es von Thomas' Vater. Mit 20 Jahren machte sich dieser selbstständig und spezialisierte sich ausschließlich auf den Anbau von Erdbeeren. Thomas und seine beiden Brüder übernahmen später das Familienerbe, bauten es stetig aus und pflanzten zusätzlich Brombeeren, Himbeeren und Johannisbeeren an. Vor einigen Jahren zogen sich seine Brüder dann zurück, widmeten sich dem Gartenbau und überließen ihm den kompletten Betrieb. Er arrangierte sich schnell mit der Situation, von nun an die gesamte Verantwortung alleine zu tragen. Die Beeren wurden zu seiner Passion. Mit viel Sorgfalt und noch mehr Liebe kümmert er sich jede Saison aufs Neue um seine süßen Früchte. Zusätzlich zu den gezüchteten Hauptsorten probiert er öfter auch andere Arten aus. Immer auf der Suche nach einer Gattung, mit der er lange den Markt beliefern kann.
Eines Tages brachte ihn ein befreundeter Landwirt auf die Idee, zusätzlich Spargel anzubauen. Der lockere, sandige aber nicht zu feuchte Boden im Beeriland sei perfekt dafür geeignet. Thomas überlegte nicht lange, den Vorschlag in die Tat umzusetzen. Weißer Spargel sollte es sein, damit böte er dieser Gegend etwas Exklusives. Denn trotz der Nähe zur badischen Grenze, die das Tor zur populären „Spargelstraße" bildet, ist in der hiesigen Region ausschließlich der grüne Spargel zu finden. 2007 bepflanzte er das erste Mal einen Teil seines Ackers mit den kleinen Rhizomen. Da Thomas aus Platzgründen von Beginn an keine großen Mengen produzieren konnte und wollte, trat er mit diesem Produkt auch nicht an den Großhändler heran. Mit einer kleinen Auswahl des edlen Stangengemüses marschierte er zu den örtlichen Restaurants. Auch im „Stucki" klopfte er an die Tür, so entstand ein erster Kontakt. Heute bezieht Tanja nicht nur den weißen Spargel, sondern auch die saftigen Früchte aus dem Beeriland. Kräftig in Farbe und Geschmack, seien es, so sagt sie, genau jene, die perfekt mit ihren Zutaten harmonierten.

Self-picking

Das Besondere im Beeriland sind die sogenannten Selbstbedienungsäcker. Von Anfang Mai bis Ende September kann jeder mit einer Schale bewaffnet auf den Hof kommen und sich seine Beeren selbst pflücken. Abgerechnet wird dann nach Gewicht. Die Kunden bekämen so ein ganz spezielles Bewusstsein für die Produkte, so die Meinung des Chefs. Aber auch die Arbeit der Erntehelfer rücke dadurch bei vielen in ein ganz anderes Licht. Fernab von importierten, im Ausland angebauten Früchten können hier regionale Produkte frisch vom Feld direkt mit nach Hause genommen werden.
Das Beeriland ist kein Bio-Betrieb. Wenn es nicht anders gehe, werde gegen die Schädlinge angegangen. Kontrolliert und nur so wenig wie nötig, seien solche Maßnahmen in einem Freilandbetrieb oft unumgänglich. Auch das feuchte Klima trage viel zum Befall der Pflanzen durch Mehltau oder die Kirschessigfliege bei. Allerdings ist Thomas Wiesner sehr darauf bedacht, den Produkten ihre nötige Wachstums- und Reifezeit zu geben. Der Start der Ernte sei daher nicht immer konkret vorauszusehen. Eine zuverlässig aktualisierte Ansage auf dem hofeigenen Anrufbeantworter teilt daher dem Kunden den genauen Beginn der Erntezeiten mit. Beeren und Spargel können sich so in Ruhe entwickeln und dem Kunden wird das beste Aroma garantiert.

TEAMWORK

Sicher, es ist kein Muss, sich die Beeren selbst zu pflücken. In einem kleinen Verkaufswagen auf dem Hof und auf einigen Wochenmärkten in der Umgebung können auch fertig zusammengestellte Schalen erworben werden. Auch der weiße Spargel wird dort erntefrisch angeboten.

Gemeinsamer Nenner
Es sei wichtig, Produzenten zu haben, die so nah an ihrem Produkt stehen, erzählt uns Tanja Grandits.

Der persönliche Kontakt ist dabei erheblich, denn niemand weiß so genau wie die Gärtner und Bauern selbst, wann ihre Produkte erntereif sind und das volle Aroma entwickelt haben. Auch wenn Tanja, Peter und Thomas im Berufsleben unterschiedliche Richtungen eingeschlagen haben, ist es doch ein wichtiger gemeinsamer Nenner, der sie alle verbindet, die Liebe zu guten Produkten.

ENGE VERWANDTE
BROMBEEREN UND HIMBEEREN

Sie beide gehören der Familie der Rosengewächse (Rosaceae) an. Ihre Früchte werden Beeren genannt, sind aber eigentlich Sammelfrüchte aus vielen kleinen fleischigen Steinfrüchten. Unterschieden werden können die Brombeere und die Himbeere anhand ihrer Farbe, die Himbeere ist rot und die Brombeere schwarz. Ihre Verwandtschaft erkennt man jedoch deutlich anhand ihrer Blüten und Blätter. Und auch derselbe Zeitraum ihrer Blütezeit (Mai bis Juli/August) lässt eine Verbindung erahnen.

RÖSTTOMATENSUPPE,
STERNANISÖL, FENCHEL, FLADENBROT

Technik und Equipment
Rösle-Kugelgrill • Grillrost • Holzkohle • indirekte Hitze

Sternanisöl: 100 ml Olivenöl • 5 Sternanis • **Suppe:** 1,5 kg reife Ochsenherztomaten, Strunk herausgeschnitten • 2 rote Zwiebeln, gewürfelt • 3 Knoblauchzehen, halbiert • 2 Bund Gewürzfenchel, grob geschnitten • 100 ml Sternanisöl • Fleur de Sel • schwarzer Pfeffer aus der Mühle • 500 ml Gemüsefond • **Fladenbrot:** 25 g Hefe • 1 kg Mehl • 15 g Salz • 600 ml lauwarmes Wasser • 1/2 TL Fenchelsamen, gemahlen

Sternanisöl: Olivenöl mit Sternanis auf 70° C erwärmen, 2 Stunden ziehen lassen und durch ein Sieb abgießen.
Suppe: die Tomaten halbieren und je ca. 3 Tomaten zusammen auf Alufolie mit Zwiebeln, Knoblauch und Gewürzfenchel ausbreiten. Mit Fleur de Sel und Pfeffer würzen. Das Sternanisöl darübergießen und die Päckchen verschließen. Auf dem Grill ca. 45 Minuten garen. 4 schöne Hälften warm stellen und die restlichen Tomaten samt Sud und dem Gemüsefond im Mixer fein pürieren. Durch ein Sieb passieren und mit Salz und Pfeffer abschmecken.
Fladenbrot: die Hefe in 200 ml Wasser auflösen. Mit den weiteren Zutaten zu einem glatten Teig kneten. Mit einem Tuch abdecken und 2 Stunden an einem warmen Ort gehen lassen. Den Teig in 8–10 Kugeln teilen und ca. 5 mm dick ausrollen. Die Brote auf dem Grill von beiden Seiten 1–2 Minuten backen.
Anrichten: die Tomatenhälften in Schalen anrichten und die Suppe angießen. Mit Fenchelblüten bestreuen und mit dem Fladenbrot servieren.

Technik und Equipment
Rösle-Kugelgrill • Grillrost • Holzkohle • indirekte Hitze

Zander: 600 g Zanderfilet, ohne Haut und Gräten • 60 g brauner Zucker • 80 g Salz • Abrieb von 1 Limette • 1 Bund Zitronenverveine, gezupft • 1 Bund Koriander, gezupft • 1 Bund Blattpetersilie, gezupft
Vinaigrette: Abrieb von 1 Limette • 3 EL Limettensaft • 6 EL Olivenöl • 1/2 TL Wasabipaste • 1 Prise Kardamom, gemahlen • Fleur de Sel • **Grüntee-Joghurt:** 8 EL Sencha-Grüntee • 1 Bund Zitronenverveine, gezupft • 5 Kardamomkapseln • Saft und Abrieb von 1 Limette • 100 ml Wasser • 300 g Naturjoghurt •
Grillzucchini: 3 Zucchini • Olivenöl • Fleur de Sel
Außerdem: 1 Bund Brunnenkresse, gewaschen und gezupft • 4 EL Korianderöl

Zander: für die Zanderbeize alle Zutaten fein cuttern und den Fisch damit von allen Seiten bedecken. Abgedeckt im Kühlschrank 6 Stunden beizen. Aus der Marinade nehmen, kurz abspülen und trocken tupfen. In dünne Scheiben schneiden.
Vinaigrette: alle Zutaten gut verrühren.
Grüntee-Joghurt: Grüntee, Verveineblätter, Kardamom und Limettensaft sowie -abrieb mit dem Wasser aufkochen. 5 Minuten ziehen lassen und durch ein Sieb passieren. Mit dem Joghurt mischen und in einem Passiertuch/Sieb im Kühlschrank 6 Stunden abtropfen lassen.
Grillzucchini: Zucchini längs in Scheiben schneiden und mit Olivenöl marinieren. Von beiden Seiten ca. 2 Minuten grillen. Mit Fleur de Sel würzen und zusammen mit der Brunnenkresse und Vinaigrette marinieren. Zander und Zucchini in Schalen anrichten und das Korianderöl angießen.

KÜRBIS-ZIEGENKÄSE-SALAT,
SAFRAN-DUCCA, KAPUZINERBLÜTEN

Technik und Equipment
Rösle-Kugelgrill • Wende-Grillplatte • Holzkohle • indirekte Hitze

Safran-Ducca: 4 EL Sesam • 3 EL Korianderkörner • 1 EL Kreuzkümmel • 25 g Pinienkerne • 1 Msp. Safran • 1 EL Fleur de Sel • 1/2 TL schwarzer Pfeffer, gemörsert • **Dressing:** 2 Schalotten, fein gewürfelt • 2 Knoblauchzehen, fein gewürfelt • 2 EL Ingwer, geschält und fein gehackt • 1 rote Chilischote, fein gewürfelt • 50 ml Rapsöl • 3 EL weißer Balsamico • 1 EL Akazienhonig • 2 EL Sojasauce • **Kürbis-Ziegenkäse-Salat:** 1 Potimarron-Kürbis • 3 EL Rapsöl • 250 g Ziegenfrischkäse • 1 Handvoll Kapuzinerblüten

Safran-Ducca: Sesam, Koriander und Kreuzkümmel in einer Pfanne trocken rösten. Anschließend mörsern und mit allen weiteren Zutaten gut vermischen.
Dressing: Schalotten, Knoblauch, Ingwer und Chili im Rapsöl anbraten, bis die Schalotten goldbraun sind. Alle übrigen Zutaten unterrühren.
Kürbis-Ziegenkäse-Salat: Kürbis waschen, vierteln, entkernen und mit dem Öl bestreichen. Die Kürbisviertel auf dem Grill mit geschlossenem Deckel ca. 35 Minuten garen. In Schnitze schneiden und mit dem Dressing marinieren. Mit dem zerbröselten Ziegenkäse in Schalen anrichten und mit Ducca und Blüten bestreuen.

DER GESCHMACK BLAU

CÔTE DE BOEUF,
BROMBEERSALSA, BLAUES GEMÜSE, MOHNBUTTER

Technik und Equipment
Rösle-Kugelgrill • Grillkorb • Wende-Grillplatte • Grillrost • Holzkohle • direkte Hitze

Fleisch: 2 Côte de Boeuf à ca. 280 g • Salz • schwarzer Pfeffer aus der Mühle • **Salsa:** 200 g Brombeeren • 4 EL Brombeeressig • 4 EL Rapsöl • 2 EL Sojasauce • Fleur de Sel • schwarzer Pfeffer aus der Mühle • **Mohnbutter:** 150 g Butter • 3 EL blaue Mohnsamen • Salz • schwarzer Pfeffer aus der Mühle • **Blaues Gemüse:** 300 g blaue Kartoffel, gewaschen und geschrubbt • 300 g violette Karotten (Purple haze), gewaschen und geschrubbt • 200 g rote Zwiebeln • einige Rosmarinzweige und Stängel rotes Basilikum • Fleur de Sel

Salsa: alle Zutaten in ein Alufolie-Säckchen packen und auf dem Grill ca. 15 Minuten schmoren. In eine Schale füllen und gut verrühren.

Mohnbutter: Butter in einer Pfanne bräunen und den Mohn dazugeben. Mit Pfeffer und Salz abschmecken.
Blaues Gemüse: das Gemüse mit den Kräutern in den Grillkörben ca. 1 Stunde an der Seite des Rostes garen. Die Kartoffeln schälen und mit einer Gabel zerdrücken, mit etwas Mohnbutter mischen und mit Salz würzen. Die Karotten ebenfalls schälen und in dicke Scheiben schneiden. Mit Fleur de Sel würzen. Die Zwiebeln schälen, halbieren und in einzelne Schichten teilen.
Fertigstellen: das Fleisch mit Salz und Pfeffer würzen und auf dem heißen Grillrost kräftig Farbe geben. Am Rand vom Grill ca. 6 Minuten bei niedriger Temperatur ziehen lassen. Das Gemüse mit dem Fleisch anrichten. Mit Salsa und Mohnbutter servieren.

Tanja Grandits 34

Teig: 400 g Mehl • 1 Pck. Trockenhefe • 1 EL Zucker • 300 ml warme Milch • 1/2 TL Salz • 2 EL Öl

Teig: Zutaten vermengen und zu einem glatten Teig verkneten. Den Teig ca. 15 Minuten an einem warmen Ort gehen lassen.
In Portionen teilen und zu einem ca. 20 cm langen Teigstrang ziehen. Spiralförmig um einen Stock wickeln und bis zum Erreichen der gewünschten Bräune über die heiße Glut halten.

STOCKBROT

APFEL-LEINSAMEN-TARTE, MANDELCREME, THYMIANZUCKER

Technik und Equipment
Rösle-Kugelgrill • Grillpfanne • Holzkohle •
indirekte Hitze

Teig: 100 ml Wasser • 80 g Leinsamen • 15 g Hefe • 1 EL Honig • 370 ml Milch • 600 g Weizenvollkornmehl • 15 g Salz • 3 EL Sonnenblumenöl • Butter für die Grillpfanne • **Mandelcreme:** 80 g weiche Butter • 80 g Zucker • Abrieb von 1 Zitrone • 2 EL Thymian, gehackt • 2 Eier (Größe S) • 80 g gemahlene Mandeln • **Apfelbelag:** 8 Äpfel (z. B. Boskop) • 30 g Butter • 60 g brauner Zucker • 1 EL Thymian, gehackt • **Thymianzucker:** 1 EL gemahlener Thymian • 1/2 TL Matcha-Grünteepulver • 3 EL Puderzucker • **Außerdem:** 200 g Himbeeren • 2 EL Thymianblättchen

Teig: Leinsamen über Nacht in Wasser einweichen. Wasser abgießen. Hefe mit Honig und 100 ml Milch verrühren. Mehl, Salz, Leinsamen und Öl verrühren. Eine Vertiefung formen, die Hefemilch hineingießen und mit wenig Mehl mischen. Mit einem feuchten Tuch bedeckt den Vorteig an einem warmen Ort 15 Minuten gehen lassen. Die restliche Milch zugeben und alles zu einem festen Teig verkneten. Mit einem feuchten Tuch zugedeckt auf das Doppelte aufgehen lassen. Den Teig ausrollen und eine runde Teigplatte in die ausgebutterte Rösle-Grillpfanne legen. Der Rand muss zum Verschließen überlappen. Eine weitere kleinere Teigplatte zum Verschließen ausrollen.
Mandelcreme: Butter, Zucker, Zitronenabrieb und Thymian schaumig rühren. Eier unterrühren und zum Schluss die Mandeln einrühren.
Apfelbelag: Äpfel schälen, entkernen und würfeln. Butter und Zucker in einer Pfanne schmelzen und die Apfelwürfel samt Thymian darin karamellisieren.
Thymianzucker: alles mischen und in ein feines Sieb geben.
Fertigstellen: die Mandelcreme auf dem Teigboden verteilen und die Äpfel, die Himbeeren und Thymianblättchen daraufgeben. Die etwas kleinere Teigplatte darauflegen und durch Zusammendrücken der Teigränder die Tarte gut verschließen. Auf dem Grill bei geschlossenem Deckel ca. 45 Minuten backen. Zum Servieren mit Thymianzucker bestreuen.
Tipp: Aus dem Teig lässt sich auch leckeres Stockbrot zubereiten.

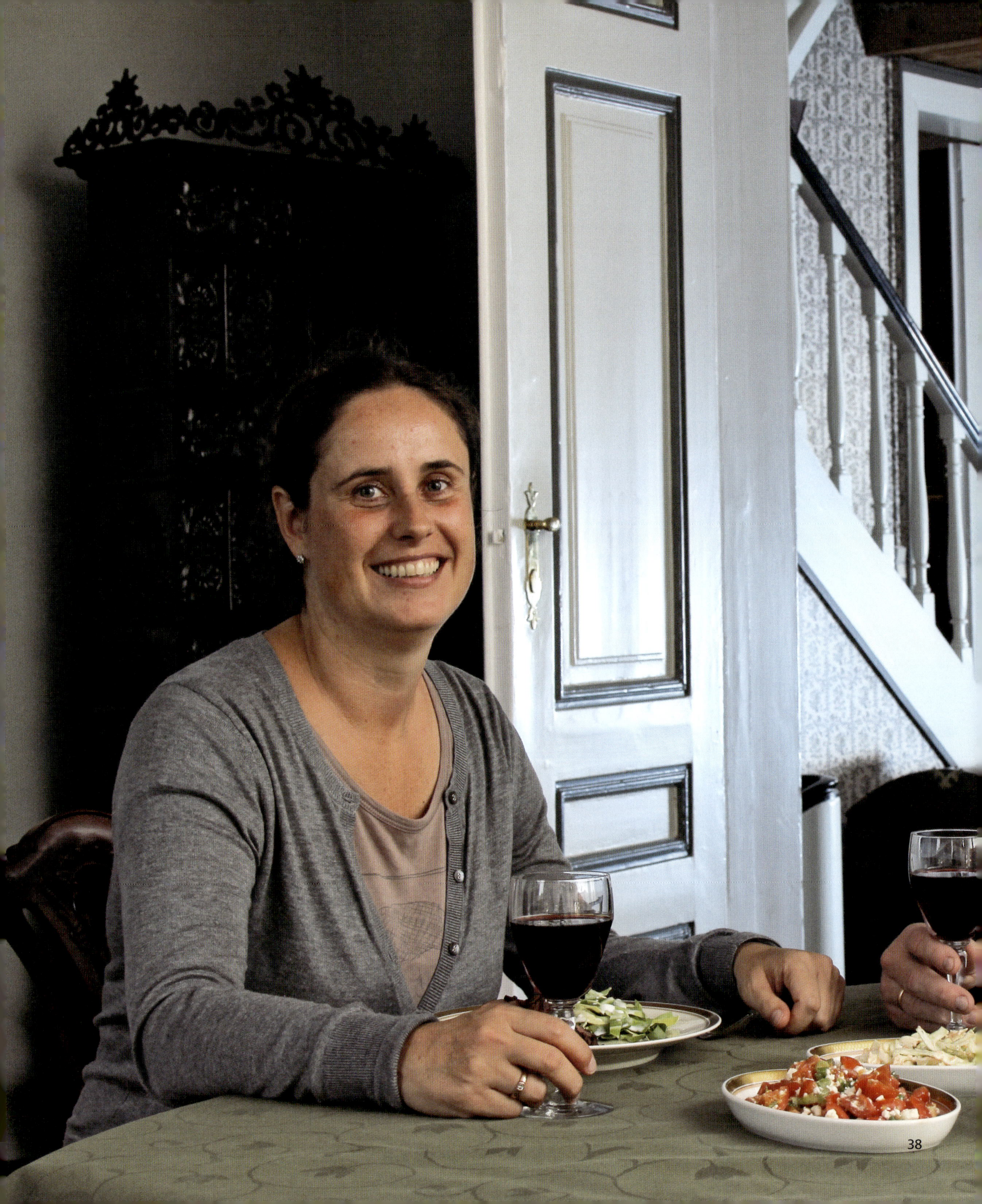

VON ZARTEN LÄMMERN, WÜRZIGEM KÄSE UND ALTEN GEMÜSESORTEN VON KNUTHENLUND

GRILLEN AUF

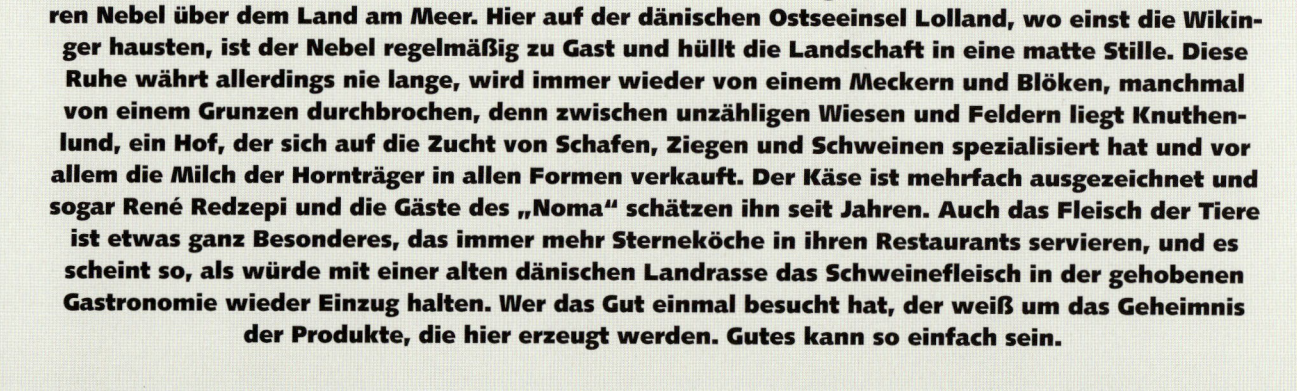

Nur mühsam durchdringt das Licht der winterlichen Sonne die graue Wolkendecke und den düsteren Nebel über dem Land am Meer. Hier auf der dänischen Ostseeinsel Lolland, wo einst die Wikinger hausten, ist der Nebel regelmäßig zu Gast und hüllt die Landschaft in eine matte Stille. Diese Ruhe währt allerdings nie lange, wird immer wieder von einem Meckern und Blöken, manchmal von einem Grunzen durchbrochen, denn zwischen unzähligen Wiesen und Feldern liegt Knuthenlund, ein Hof, der sich auf die Zucht von Schafen, Ziegen und Schweinen spezialisiert hat und vor allem die Milch der Hornträger in allen Formen verkauft. Der Käse ist mehrfach ausgezeichnet und sogar René Redzepi und die Gäste des „Noma" schätzen ihn seit Jahren. Auch das Fleisch der Tiere ist etwas ganz Besonderes, das immer mehr Sterneköche in ihren Restaurants servieren, und es scheint so, als würde mit einer alten dänischen Landrasse das Schweinefleisch in der gehobenen Gastronomie wieder Einzug halten. Wer das Gut einmal besucht hat, der weiß um das Geheimnis der Produkte, die hier erzeugt werden. Gutes kann so einfach sein.

Lamm from(m) Knuthenlund

Zwischen Deutschland und Schweden bilden die Inseln des Königreichs Dänemark Brückenköpfe zur bärenförmigen skandinavischen Halbinsel. Südöstlich der deutschen Insel Fehmarn liegt Lolland. Die 18 Kilometer breite Meerenge, die beide Inseln trennt, ist als Fehmarnbelt ein bekannter geografischer Begriff. Voraussichtlich wird er in den nächsten Jahren durch einen Tunnel oder über eine Brücke hinweg zu bewältigen sein. Bis dahin setzen Fähren Passagiere und Fracht innerhalb von 45 Minuten zwischen den Inseln über. Auf Lolland angekommen fällt auf, dass das Land außerordentlich dünn besiedelt und wegen fehlender Badestrände touristisch weniger erschlossen ist als andere Inseln Dänemarks. Lediglich 64.730 Menschen leben hier und die Einwohnerzahl sinkt stetig, nicht zuletzt weil die Technisierung der Landwirtschaft immer weniger Arbeitskräfte nötig macht. Dieser Wandel zwingt immer mehr Bewohner in die Städte. Einzig die größte Zuckerfabrik des Landes bedeutet einen wirtschaftlichen Ausnahmepunkt auf dem 58 Kilometer langen und äußerst flachen Eiland. Sonst machen sich vor allen Dingen Wald und Felder breit und inmitten einer fast 1000 Hektar großen Fläche liegt das Gut Knuthenlund. Wie so viele landwirtschaftliche Betriebe befindet sich auch Knuthenlund seit langer Zeit im Besitz ein und derselben Familie. Der Urgroßvater von Susanne Hovmand-Simonsen, der heutigen Eigentümerin, verdiente mit der Herstellung von Käse ein kleines Vermögen. Eine Auszeichnung im Jahre 1913 bezeugte die außerordentliche Qualität seines Weichschimmelkäses. Daraufhin verkauften sich seine Erzeugnisse noch besser und ermöglichten ihm, das Gut zu erwerben. Nach einer langen und erfolgreichen Hofgeschichte trat 2006 die Enkelin ihr Erbe an.

Zusammen mit ihrem Mann Jesper Hovmand-Simonsen setzte sie schon bald eine ökologische Landwirtschaft im Einklang mit der Natur durch. Das heißt für den Anbau von Nutzpflanzen den völligen Verzicht auf künstliche Düngemittel und Schädlingsbekämpfung. Für die Tiere, die auf dem Hof leben, bedeutet das eine artgerechte Haltung, die Fütterung ökologischer Pflanzen, den Verzicht auf jegliche Art von künstlichem Kraftfutter und die Vermeidung von Behandlungen mit Medikamenten, wenn sie nicht dem Wohl des Tieres dienen.

Erst mal eine Umstellung

Die biologischen Vorgehensweisen hatten immer das Ziel, qualitativ hochwertige Lebensmittel zu erzeugen. Dafür erschien kein Aufwand zu groß, und die Umstellung vollzog sich über drei ganze Jahre. Ein Boden muss frei von Rückständen sein, wenn das erste Mal eine ökologische Zertifizierung kenntlich gemacht werden darf. Aus diesem Grund wurden in den ersten zwei Jahren ausschließlich Futterpflanzen, die als Umstellungsfutter bezeichnet werden, für die Nutztiere des Hofs angebaut. Ab dem dritten Jahr setzte der Hof in hohem Maße auf Kulturpflanzen, die dauerhaft angepflanzt werden sollten und nach dem dritten Jahr als biologisches Erzeugnis bekannt gemacht werden dürfen. Da es zu den Auflagen eines ökologischen Betriebs gehört, den Boden biologisch aktiv und fruchtbar zu erhalten, ihn also nicht nachhaltig zu schädigen, ist es wichtig, auf den Feldern eine bestimmte Pflanzfolge zu beachten. Hülsenfrüchte (Leguminosen) kommen dabei gerade recht, denn in einer ausgewogenen Fruchtfolge bieten sie dem Boden die Möglichkeit, sich zu regenerieren. Sie fördern also seine Qualität, weshalb ihr Anbau als Grün-

GUTSHERRENART

AM HOF, WO MILCH

düngung bezeichnet wird. In Symbiose mit Knöllchenbakterien (Rhizobien) reichern diese Pflanzen den Boden mit molekularem Stickstoff an, der zu Ammoniak bzw. zu Ammonium umgewandelt wird und dann biologisch verfügbar ist. Nach diesen Prinzipien werden die Felder auf Knuthenlund bestellt, wobei natürlich immer das bestmögliche Produkt am Ende stehen soll. Um das im Auge zu behalten und um während der Herstellungsprozesse immer die Kontrolle zu behalten, macht es Sinn, so viele Produktionsschritte wie möglich auf dem Hof durchzuführen. Das Getreide auf dem Hof selbst in der eigenen kleinen Mühle zu vermahlen, spart außerdem Zeit und zusätzliche Kosten.

Im Jahr 2010 wurde auf Knuthenlund zum ersten Mal Wintertriticale angepflanzt. Die Kreuzung aus Weizen und Roggen kombiniert die besten Eigenschaften der beiden Getreidearten. Backstark wie der Weizen, anspruchslos an Boden und Klima wie der Roggen, hat sie allerdings den Nachteil, dass aus ihr ein steriler Hybrid entsteht. Daher werden die Keimlinge auf Knuthenlund mit dem natürlichen Colchicin der Herbstzeitlosen (Giftpflanze des Jahres 2006) behandelt, welches das Erbgut der Zuchtform verändert und sie so künstlich verdoppelt. Selbstverständlich wird nicht allein dieses Süßgras angebaut. Das Ehepaar Hovmand-Simonsen ist auch auf Saubohnen, Soja, Malzgerste, Hafergraupe, Dinkel, Brotweizen, Roggen, Kleegras und Raps spezialisiert. Das funktioniert so gut, weil die Grundvoraussetzungen des Bodens einfach stimmen. Die Kombination aus gemischtem und reinem Tonboden ist für den Ackerbau ideal, und die gezielte Anreicherung durch Gründüngung kann das nur noch verstärken. Auf einer Fläche von 750 Hektar herrschen also beste Pflanzverhältnisse. Davon nehmen die Konsumpflanzen etwa 600 Hektar in Beschlag. Die übrigen 150 Hektar sind von Wiesen bewachsen, die mit vielen verschiedenen Wildkräutern durchsetzt sind. Auf ihnen grasen in der warmen Jahreszeit Schafe und Ziegen.

200 Kilo Joghurt für das Noma

Auch wenn das Getreide einen wichtigen Teil des Hofbetriebes einnimmt, Hauptaugenmerk liegt auf der Molkerei und auf den Fleischerzeugnissen. Und auch, wenn Schweine, Enten und Gänse das Angebot ergänzen, auf Knuthenlund geht es hauptsächlich um Schafe und Ziegen. Ostfriesische Milchschafe und Milchziegen grasen an 150 Tagen im Jahr auf den Wildkräuter-Weiden. Die verleihen dem Fleisch eine milde und dennoch würzige Note und der Milch ihren vollen und runden Geschmack. Doch es gibt auch andere Rassen zu entdecken. Die Saanen-Ziegen, eine groß gewachsene, kurzhaarige, weiße Ziegenrasse aus dem Schweizer Saanental, zeichnet sich beispielsweise durch ihre hervorragende Milchleistung aus. In ihrer Haltung ist sie allerdings eher anspruchsvoll. Da sind die Toggenburger-Ziegen und eine gewisse dänische Landrasse weitaus robuster und genügsamer. Das Fell dieser Sorten ist länger und dichter und schützt sie auch bei rauem Wetter, weshalb Toggenburger auch in Irland und in Kanada gehalten werden. Wenn die Tage und vor allen Dingen die Nächte kälter werden, schützt ein großer Stall vor schlechter Witterung. Eine dicke Streuschicht imitiert im Warmen den weichen Boden der Wiesen. Auch in den sicheren vier Wänden übersteigt das Platzangebot die sonst üblichen Quadratmeter, die einem Hornträger unter mastbetrieblichen Umständen angeboten werden. Das Wohl der Tiere steht immer an erster Stelle, was am Ende auch ihren letzten Gang betrifft. Sie werden, insofern das möglich ist, nicht aus ihrer Umgebung herausgerissen. Gewohnheitstiere mögen keinen Tapetenwechsel. Aus praktischen Gründen für die Menschen, die hier arbeiten, befindet sich auch die Molkerei auf dem Hof. Der alte Kuhstall wurde zur Käserei umgebaut, in der alle Milchprodukte in Handarbeit hergestellt werden, die im hofeigenen Laden verkauft werden. Die rohe Milch wird nur zu einem kleinen Anteil verkauft, denn die meisten Kunden haben es auf Joghurt und vor allem den Käse abgesehen. Der preisgekrönte Schafsbrie des Urgroßvaters wird heute immer noch nach dem alten Rezept wie vor über 100 Jahren hergestellt. Neben dem berühmten Weichkäse gehört eine Auswahl an halbfesten Käsevariationen zum Sortiment von Knuthenlund. Das ist kein Wunder, denn Jesper Hovmand-Simonsen ist ausgebildeter Käsemacher. Für ihn kein ungewöhnlicher Beruf, denn er stammt aus einer Familie, die seit langer Zeit „in Käse machte". Die Grundvoraussetzung ist dabei immer die Milch, ohne die der Käser arbeitslos ist. Damit das auf Knuthenlund nicht passiert, bekommen die Ziegen und Schafe zweimal im Jahr Nachwuchs, dem die Milch „geklaut" werden kann. Das erste Mal kommen Lämmer im Januar/Februar zur Welt, das zweite Mal im September/Oktober. Während der Käse in den milcharmen Zeiten gereift verkauft werden kann, besteht das Problem ohne frische Milch darin, dass sich

UND JOGHURT FLIESSEN

SANFTE TIERHALTUNG

inzwischen die Kundschaft an das Angebot von frischer Milch, frischer Sahne und frischem Joghurt gewöhnt hat. Durch die zwei Geburtenjahrgänge können diese Wünsche auch im Winter erfüllt werden. Daran nimmt kein Schaf und keine Ziege Schaden. Insgesamt werden 100.000 Liter Milch von Schafen und 140.000 Liter Milch von Ziegen verarbeitet. Das soll so bleiben, doch schon bald werden auch die Erzeugnisse einer roten dänischen Milchkuh-Rasse hinzukommen, die schon zwischen 1729 und 1984 Gut Knuthenlund mit Milch versorgte. Mit ihrer Hilfe werden Käse, Butter und ein absoluter High-End-Joghurt produziert. Die Erzeugnisse von Gut Knuthenlund gehen hauptsächlich an dänische Betriebe, aber auch an solche jenseits der Landesgrenzen. Das Aushängeschild unter allen Kunden ist sicherlich das „Noma" mit Küchenchef René Redzepi in Kopenhagen. Das Restaurant schwört vor allem auf den Joghurt und bezieht auch andere Molkereiprodukte von dem Hof in Lolland. Das Lammfleisch wurde dort schon oft serviert, denn besser kann es nicht sein. Es ist ganz mild, deutlich lammtypisch, mit mürber Textur und gibt klar sein Terroir zu erkennen.

Nur keine Panik!
Die einzigartige Qualität des Fleischs ist nun wirklich kein Geheimnis. Gerne erklären die Hovmand-Simonsens ihre Arbeitsweise und ihr gesamtes Hofkonzept. Trotzdem sind sie vor Nachahmern geschützt, denn nirgendwo sind die Voraussetzungen so gut, und nur wenige Produzenten sind bereit, einen solch immensen Aufwand zu betreiben, wie es auf Lolland getan wird. Ein wichtiger Faktor ist dabei die Zeit, die letztendlich über das Produkt bestimmt. Die Lämmer auf Knuthenlund werden erst in einem Alter zwischen sechs und acht Monaten geschlachtet. Das könnte als etwas übertrieben angesehen werden, wenn man bedenkt, dass Jungtiere in einem herkömmlichen Mastbetrieb schon mit drei oder vier Monaten zur Schlachtbank geführt werden. Mit der Fütterung von Kraftfutter und anderen fragwürdigen Zugaben legen solche Lämmer sehr schnell an Gewicht zu und erreichen sehr schnell das nötige Lebendgewicht. Die grobe Behandlung wirkt sich allerdings negativ auf den Geschmack des Fleisches aus. Genau das will man auf Knuthenlund, auch den Tieren zuliebe, umgehen. Die Lämmer trinken, wie es die Natur vorsieht, erst einmal Schafsmilch. Später fressen sie Gräser und Getreide und erhalten etwas Molke, die sich sehr förderlich auf die empfindlichen Mägen der Jungtiere auswirkt. Hier bestimmt alleine die Natur über das Wachstum der Tiere, und dieser Lauf der Dinge entscheidet auch über den natürlichen Geschmack und die absolute Zartheit des Lammfleisches.

Selbst wenn ihre Zeit gekommen ist, steht der Respekt vor dem Leben der Tiere an erster Stelle. Diese Rücksichtnahme ist ein wichtiger Bestandteil, der in alle Abläufe auf dem ökologisch arbeitenden Hof fest integriert ist. Das bringt gesunde und unbelastete Tiere hervor. Um diesen guten Zustand zu erhalten und ihn nicht auf den letzten Metern zunichtezumachen, soll die Ausschüttung von Stresshormonen unbedingt vermieden werden. Wie bei jedem Lebewesen werden diese Hormone auch bei Schafen, Ziegen, Schweinen, Gänsen und Enten produziert, wenn sie in Angst und Schrecken geraten. Ein langer Transport würde viele Hormone solcher Art freisetzen, weshalb die Schlachtung in der unmittelbaren Nähe von Knuthenlund erfolgt. Um auch diesen kurzen Transport in Zukunft zu vermeiden, soll bald auch die Schlachtung auf dem eigenen Hof durchgeführt werden. Doch noch fehlt das passende Gebäude, um angemessene Bedingungen für Tier und Mensch zu ermöglichen.

Auch die Haltung der Enten und Gänse von Knuthenlund basiert auf der Achtung der Tiere und auf der Wertschätzung von gutem Fleisch. Kurz vor Weihnachten verkauft der Hof rund 500 seiner Enten und rund 100 seiner Gänse. Alle in bester Geflügelqualität, denn die Tiere werden auf einem Gelände gehalten, auf dem Weihnachtsbäume unter ökologischen Bedingungen wachsen. Der ideale Lebensraum für Pflanze und Tier. Hier können sich die Vögel uneingeschränkt bewegen und sich von allem, was der Waldboden zu bieten hat, ernähren. Wie von selbst entsteht eine perfekte Symbiose, denn auf eine chemisch-synthetische Bekämpfung von Baumschädlingen kann aufgrund der schier endlosen Insektenliebe des Geflügels verzichtet werden. Die gute Haltung wirkt sich natürlich auf das Fleisch aus, es ist besonders saftig und schmeckt auffällig intensiv. Auch das Ziegenfleisch von Knuthenlund ist bemerkenswert. Mild in seinem Geschmack und von zarter Konsistenz erinnert es fast an Wild oder an Kalb. Sein hoher Eisen- und ein niedriger Cholesteringehalt machen es umso wertvoller. 100 Gramm des Ziegenfleischs enthalten nur fünf Milligramm Cholesterin. Rindfleisch und Schweinefleisch haben im Vergleich dazu einen Wert von ungefähr 60 Milligramm pro 100 Gramm.

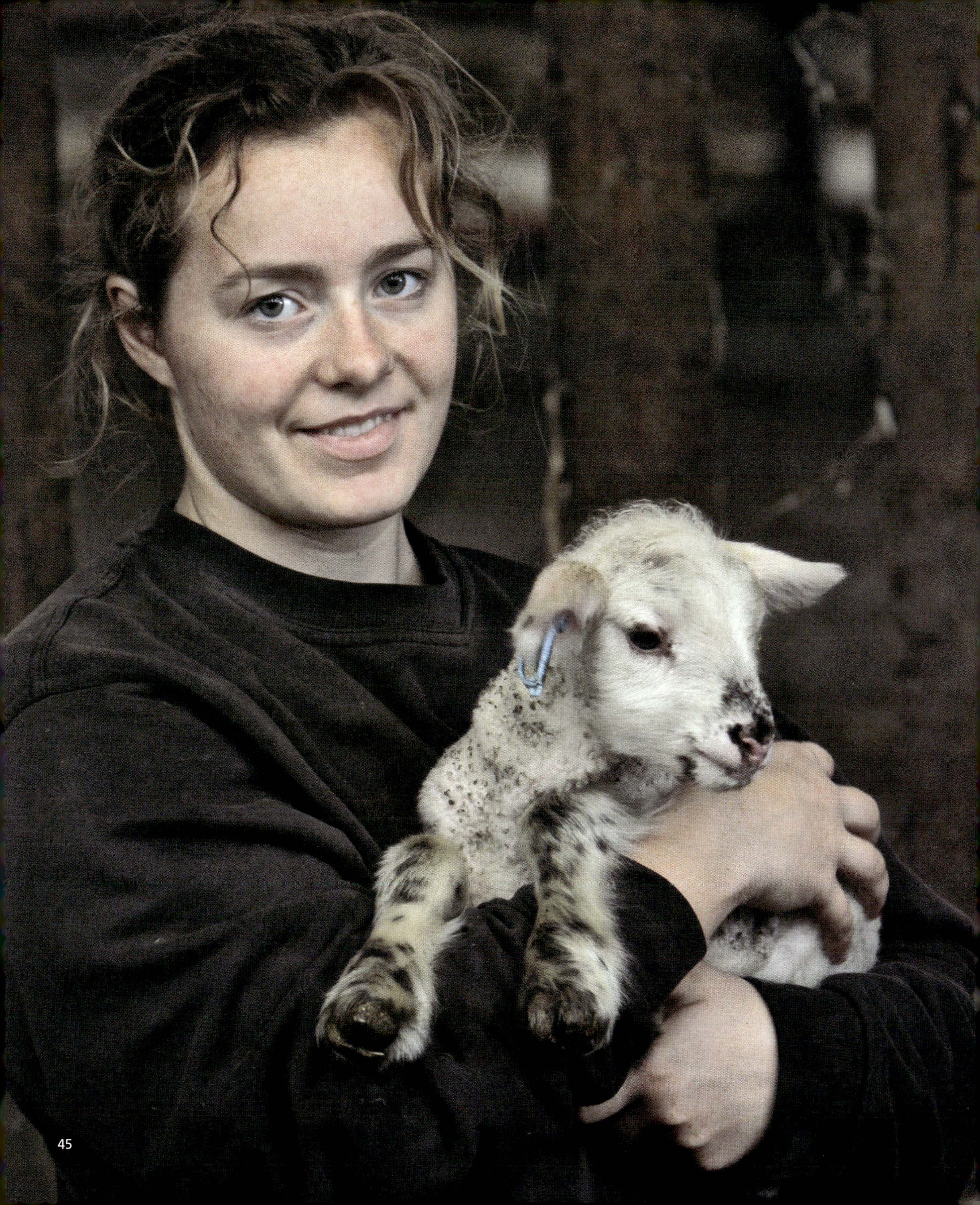

ATTACKE, ...

Die Schweine, die auf Knuthenlund gehalten werden, entstammen genau wie einige der Ziegen einer alten dänischen Landrasse, die eine dunkel gefleckte Musterung ziert. Eine Verwandtschaft zum bunten Bentheimer Landschwein ist nicht abzustreiten. In den letzten Jahren kommen viele Züchter wieder auf die alten Landrassen zurück, sie schätzen vor allem ihre Robustheit. Diese Schweine brauchen keinen Stall und verbringen das ganze Jahr über auf Knuthenlund im Freien. Auch ihr hoher Speckanteil ist nicht zu unterschätzen. Modernen Schweinesorten ist er für den kalorienbewussten Konsumenten weggezüchtet worden. Gleichzeitig ist dabei das Fleisch aber trockener geworden und hat seitdem diesen typischen, leicht säuerlichen Geschmack, der heute sofort mit Schwein in Verbindung gebracht wird. Moderne Mastschweine wachsen auf Kraftfutter rasend schnell, und zwar beeindruckend einheitlich. Die Knuthenlund-Schweine nicht – und es kann bei ihrer Vermarktung zum Problem werden, wenn eine Keule nicht immer gleich viel wiegt und auch nicht immer gleich aussieht. Manche Tiere haben in der vergleichsweise langen Lebenszeit so viel Fett angesetzt, dass sie sich wunderbar zu Wurst verarbeiten lassen. Die Unterschiede sind so vielfältig wie bei uns Menschen. Gemeinsam haben die Schweine aber alle den hohen intramuskulären Fettgehalt, der ein Hinweis auf die hohe Fleischqualität ist. Das liegt natürlich auch an dem natürlichen Futter, das sie fressen. Der Hauptanteil davon stammt auf Knuthenlund aus der Käserei. Die Schweine lieben die Molke und den Joghurt, der für sie aus einer Überproduktion abfällt. Sie bekommen außerdem hofeigenes Getreide und Saubohnen sowie das, was sie auf den Feldern selbst finden können. Es liegt auf der Hand, dass die Schweine so keine Hochleistungstiere werden, doch gerade das kommt ihrem Geschmack zugute. Erst wenn sie nach acht bis zwölf Monaten ein Lebendgewicht von 100 bis 110 Kilogramm erreicht haben, werden sie geschlachtet. Das verbessert die sensorische Qualität des Fleisches, das Aussehen und die Brateigenschaft. Über die Schlachtung der Tiere wird ganz individuell entschieden, und bis zum Schluss ist ihre weitere Verarbeitung nicht fix. Darüber entscheidet ihre jeweilige Konstitution. Ein Schwein, das mehr Fett als andere angesetzt hat, eignet sich zum Beispiel ganz hervorragend für die Produktion von Würstchen, die ein kleiner Metzger auf Fünen übernimmt. Nichts als Schweinefleisch und Kräuter sind auf der Zutatenliste notiert. Das gesamte Schweinefleisch, das am Stück verkauft wird, geht an einen dänischen Händler, der es küchenfertig vertreibt. Unter vielen glücklichen Kunden befinden sich auch immer mehr Köche der gehobenen Gastronomie, von denen viele Schweinefleisch in dieser besten Qualität gesucht und bislang nie gefunden haben. Das Angebot von Knuthenlund muss sich so langsam nach der immer größer werdenden Nachfrage richten. Auf 600 Schweine pro Jahr folgten 1200 Schweine pro Jahr und bald sollen sogar 3000 Schweine jährlich verkauft werden. Die Abnehmer für das Fleisch sind nicht das Problem. Neben den Lämmern, den Schweinen, Enten und Gänsen bieten Susanne und Jesper Hovmand-Simonsen auch Wild an. Die Rehe, Hasen und Fasane werden alle mit Pfeil und Bogen von Jägern aus der Nachbarschaft geschossen. Diese Jagdmethode bietet einige Vorteile. Sie verlangt eine intensive Naturverbundenheit des Jägers, der nur mit Rücksicht auf Flora und Fauna Erfolg haben wird. Außerdem zerstört ein Pfeil bei einem sauberen Treffer weniger Nervenzellen des Tieres als eine Kugel. Das ist besonders bei schlechten Schüssen von Vorteil, bei denen die Wunde viel besser ausheilt und das Tier nur äußerst selten an den Folgen einer Entzündung stirbt.

Alt und Neu auf Knuthenlund
Seit einiger Zeit beschäftigen sich die Besitzer von Knuthenlund mit dem Anbau von alten Gemüsesorten. Anlass dazu gab ein überraschender Dachbodenfund. In weiser Voraussicht lagerte Susannes Urgroßvater Samen von Kräutern und verschiedenen Gemüsesorten ein, die damals auf dem Hof angepflanzt wurden. Das Saatgut ist in kleinen Gläsern nach 60 Jahren dehydriert und muss in einem aufwendigen Verfahren aufbereitet werden, um es wieder zum Leben zu erwecken. Erfreulicherweise konnte die Familie Hovmand-Simonsen eine dänische Universität für ihr Vorhaben gewinnen, die die Samen nun analysiert. Derzeit werden alte lolländische Apfelsorten angepflanzt, deren Früchte zu Kompott verarbeitet werden. Grauerbsen und Rosinen sollen in Zukunft das Angebot ergänzen.
Susanne und Jesper Hovmand-Simonsen haben auf ihrem Gut schon viel erreicht und kommen ihrem Traum von einem ökologischen Betrieb, der autark und mit vollkommener Sicherheit für eine naturbewusste, schadstofffreie und enorme Produktqualität garantieren kann, immer näher. Ein solches Unterfangen fordert Geduld und Durchhaltevermögen. Das hat

DIE DÄNEN KOMMEN

EINKLANG

sich in den letzten Jahren immer wieder bestätigt. Neue Projekte, die die beiden zusammen planen, sind realistisch, immer mit Bedacht gewählt und werden dann gemeinsam und selbstbewusst umgesetzt.

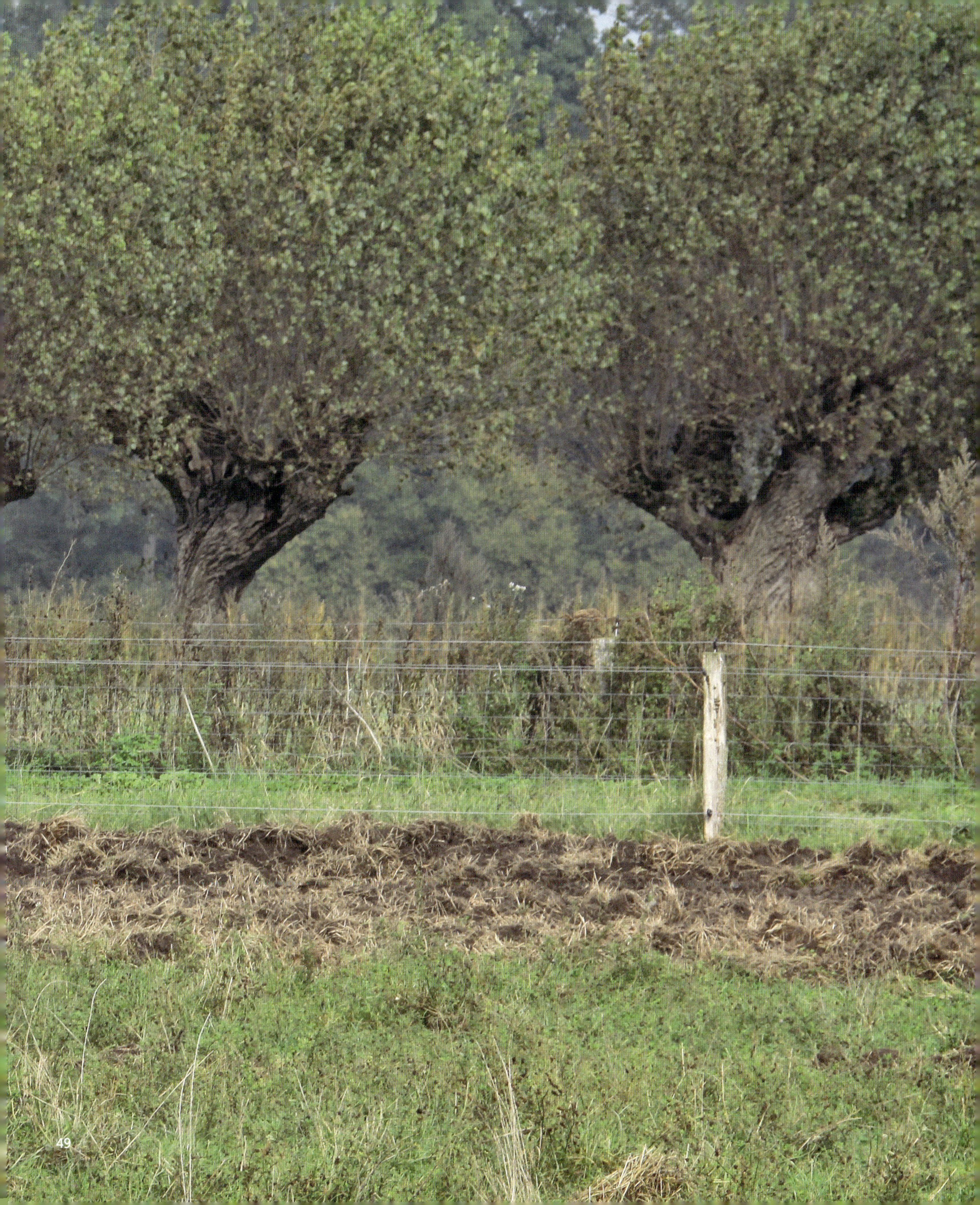

ZIEGENKOTELETT
TOMATE UND KARTOFFEL

Technik und Equipment
Rösle-Kugelgrill • Grillrost • Grillzange • Grillhandschuh • Holzkohle • Grillpaste • direkte Hitze

Ziegenkotelett • Salz • Pfeffer • **Tomatensalat:** Kirschtomaten • Knuthenlund Weißkäse • Frühlingszwiebel • Salz • Pfeffer • **Kartoffelsalat:** Kartoffeln • Blumenkohl (roh) • Knuthenlund Schafsjoghurt • Mayonnaise • Petersilie • Dill • Zitronensaft • Salz • Pfeffer

Das Ziegenkotelett mit Salz und Pfeffer würzen und auf dem heißen Grillrost kräftig Farbe geben.

Tomatensalat: Tomaten, Weißkäse und Frühlingszwiebeln klein schneiden und miteinander vermengen. Mit Salz und Pfeffer abschmecken.

Kartoffelsalat: Kartoffeln kochen, schälen und in Würfel schneiden. Blumenkohl klein schneiden. Aus Schafsjoghurt, Mayonnaise, Petersilie, Dill, Zitronensaft, Salz und Pfeffer ein Dressing herstellen und dieses über die Kartoffeln und den Blumenkohl geben.

LAMMKEULE SPITZKOHL

Jesper Hovmand-Simonsen

Technik und Equipment
Rösle-Kugelgrill • Grillrost • Grillzange • Grillhandschuh • Holzkohle • Grillpaste • direkte Hitze

Lammkeule • Salz • Pfeffer • **Spitzkohlsalat:** Spitzkohl • Knuthenlund Ziegen-Buttermilch • Knuthenlund Ziegensahne • Salz • Pfeffer

Die Lammkeule mit Salz und Pfeffer würzen und auf dem heißen Grillrost kräftig Farbe geben.
Spitzkohlsalat: Spitzkohl in feine Streifen schneiden. Aus Ziegen-Buttermilch, Ziegensahne, Salz und Pfeffer ein Dressing herstellen und über den Kohl geben.

LAMMSPARERIBS
KRAUTSALAT

Technik und Equipment
Rösle-Kugelgrill • Grillrost • Grillzange • Grillhandschuh • Holzkohle • Grillpaste • direkte Hitze

Tomatenpüree • Balsamico • Knoblauch • Zitronensaft • Salz • Pfeffer • Lammrippe • **Krautsalat:** Spitzkohl • Karotten • Knuthenlund Schafsjoghurt • Knuthenlund Schafssahne • Zitronensaft • Salz • Pfeffer

Aus Tomatenpüree, Balsamico, Knoblauch, Zitronensaft, Salz und Pfeffer eine Marinade herstellen und die Lammrippen damit marinieren. Auf dem heißen Grillrost kräftig Farbe geben.
Krautsalat: Spitzkohl fein raspeln, Karotten in feine Streifen schneiden. Aus Schafsjoghurt, Schafssahne, Zitronensaft, Salz und Pfeffer ein Dressing herstellen und über den Salat geben.

ÄPFEL
SCHAFS-CRÈME-FRAÎCHE

Jesper Hovmand-Simonsen 56

Technik und Equipment
Rösle-Kugelgrill • Grillrost • Grillzange • Grillhandschuh • Holzkohle • Grillpaste • direkte Hitze

Äpfel aus dem Garten • Rohrzucker • Schafs-Crème-fraîche 55%, Knuthenlund Waldhonig

Die Äpfel auf dem Grillrost garen. Den Rohrzucker über die heißen Äpfel streuen und karamellisieren lassen. Schafs-Crème-fraîche auf den Teller geben, Äpfel daraufsetzen und mit Waldhonig abrunden.

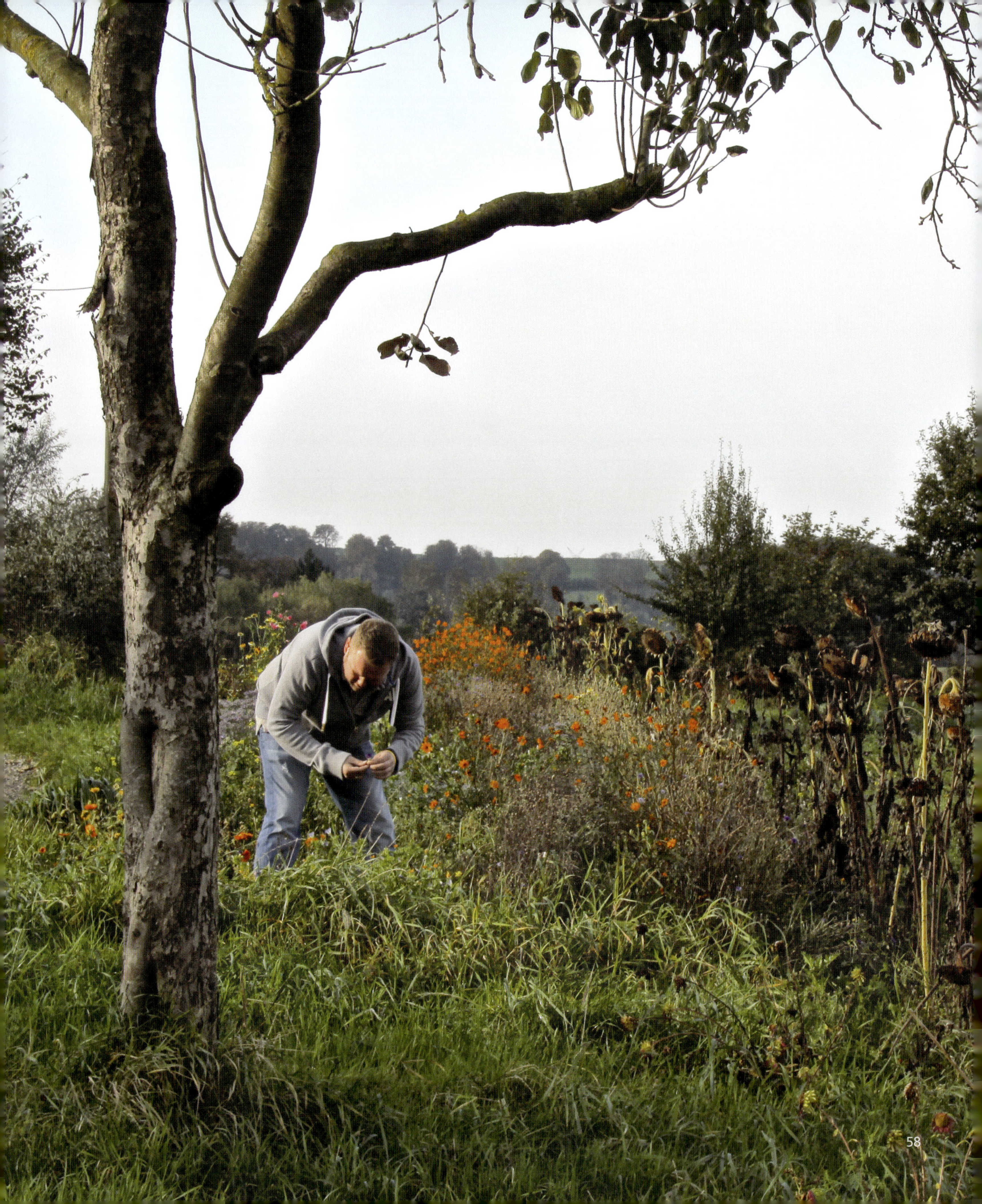

VON DER GEMEINSCHAFT DER WINDRATHER HÖFE, HOF VORBERG UND VOM HELFENDEN STEM

STEMBERGS WELT

Mit dem anspruchsvollen Landgasthaus besteht neben der Sternegastronomie eine Restaurantdisziplin, die mindestens als ebenso engagiert und ambitioniert bezeichnet werden kann; Regionalität und Authentizität waren und sind in dieser Szene klar definierte kulinarische Begriffe, und auch das Thema Nachhaltigkeit ist keine große Unbekannte.
Gute Landgasthöfe unterstützen und entwickeln ihr Umfeld, beispielsweise durch den Gebrauch der lokalen Produktvielfalt und die Erhaltung und Wiederentdeckung typisch regionaler Gerichte. Diese werden dann modern und individuell interpretiert sowie in die gehobene Küche transportiert.

Helfende Köche

Schon lange bevor im Bereich der Haute Cuisine der Weg vom Außergewöhnlichen hin zum Ursprung zu einem allgemeinen Trend avancierte, bezogen jene ihre Fleisch- und Gemüsesorten vom benachbarten Bauernhof. Sicher sind im nahen Umkreis auch der vertraute Metzger oder eine kleine Bauernkäserei zu finden.

Während die Bauern in der Vergangenheit überwiegend nach – zum Teil unsinnigen – EU-Qualitätskriterien produzierten, um ihre Produkte auf dem Markt verkaufen zu können, kommt nun jemand in Gestalt eines jungen, engagierten Kochs zu ihnen, der ursprüngliche, bäuerlich hergestellte Produkte wünscht, weit entfernt von Norm und Standard. Im schlimmsten Fall muss das ein Landwirt erst wieder lernen. Klar ist, dass ein Huhn vom Bauernhof nicht auch automatisch eine hohe Qualität besitzt. Am Niveau muss oft gearbeitet und gefeilt werden. Selbstverständlich stehen die Köche in dieser Phase den Produzenten zur Seite. Sascha Stemberg ist einer von ihnen. Wir finden ihn in seinem Restaurant „Haus Stemberg" in dem Städtchen Velbert, gelegen im Herzen des Niederbergischen Landes.

Von Traditionen und Trends

Seit 2003 arbeitet er dort als Küchenchef im familieneigenen Betrieb. Diese Position bekleidete vorher sein Vater Walter, der das „Haus Stemberg" durch Medienauftritte, Bücher und zahlreiche Artikel in Zeitschriften bis weit über die deutschen Landesgrenzen hinaus bekannt machte.

Sascha verbrachte seine Wanderjahre unter anderem bei Günther Scherrer im Düsseldorfer Restaurant „Victorian", der ihm hartes Arbeiten und Disziplin lehrte. Anschließend verpasste ihm Peter Nöthel in seinem „Hummerstübchen" den besonderen Feinschliff. Seine letzte Station war dann ein Gastspiel im „Pomp Duck and Circumstance" bei Hans-Peter Wodarz in Berlin.

Sascha führt heute das „Haus Stemberg" in der fünften Generation. Alles begann 1864, als der Schmiedemeister Heinrich Stemberg neben seiner Schmiede einen Fuhrmannsgasthof eröffnete.
Eine gute Idee, denn in dieser Zeit wurde mit Pferd und Wagen Kohle aus dem nahen Ruhrgebiet entlang der Kuhlendahler Straße ins Bergische Land transportiert. Die Erfolgsgeschichte des Landgasthofes begann also als eine Art Truck-Stop.
1898 werden die Zeiten moderner und Eisenbahnen ersetzen das Pferdegespann. Zum Glück wird vor „Haus Stemberg" eine Haltestelle eingerichtet. Um 1900 entwickelt sich der Fuhrmannsgasthof zu einer gepflegten Gastwirtschaft mit Gartenlokal. Eine Bäckerei kommt hinzu, und die erste Bohlenkegelbahn des Bergischen Landes wird hier eingerichtet. Mit dem Aufkommen der Automobile wird sogar eine Tankstelle in direkter Nähe gebaut. Diese existiert allerdings schon seit 1941 nicht mehr.

Das Unternehmertum scheint in der Familie Stemberg irgendwie genetisch verankert zu sein. Zuletzt nahmen sie erneut einen kleinen Umbau ihrer Lokalität vor. Die Wirtsstube, das Kaminzimmer und der Wintergarten wurden renoviert, das Restaurant in seiner Linie entschlackt und alles ein bisschen moderner und zeitgemäßer gestaltet. „Den Landhauscharakter haben wir aber beibehalten. Da bleiben wir authentisch", sagt Schascha Stemberg.

Um spontan im „Haus Stemberg "einen Tisch zu bekommen, braucht man viel Glück, denn es ist immer ausgebucht – und das oft Wochen im Voraus. Selbst in Zei- ten, in denen andere Gastronomen klagen, ist es im Stemberg voll – mittags und abends. Mit insgesamt 18 Mitarbeitern stemmt Sascha an fünf von sieben Tagen in der Woche, natürlich immer in anderer Besetzung, die Bewirtung von gut 120 Gästen. Diese können über die À-la-carte-Gerichte hinaus zwischen zwei Sieben-Gänge-Menüs wählen. Eines zubereitet mit Produkten aus aller Welt, modern und aufwendig gestaltet. Das zweite Menü charakterisiert durch die be-

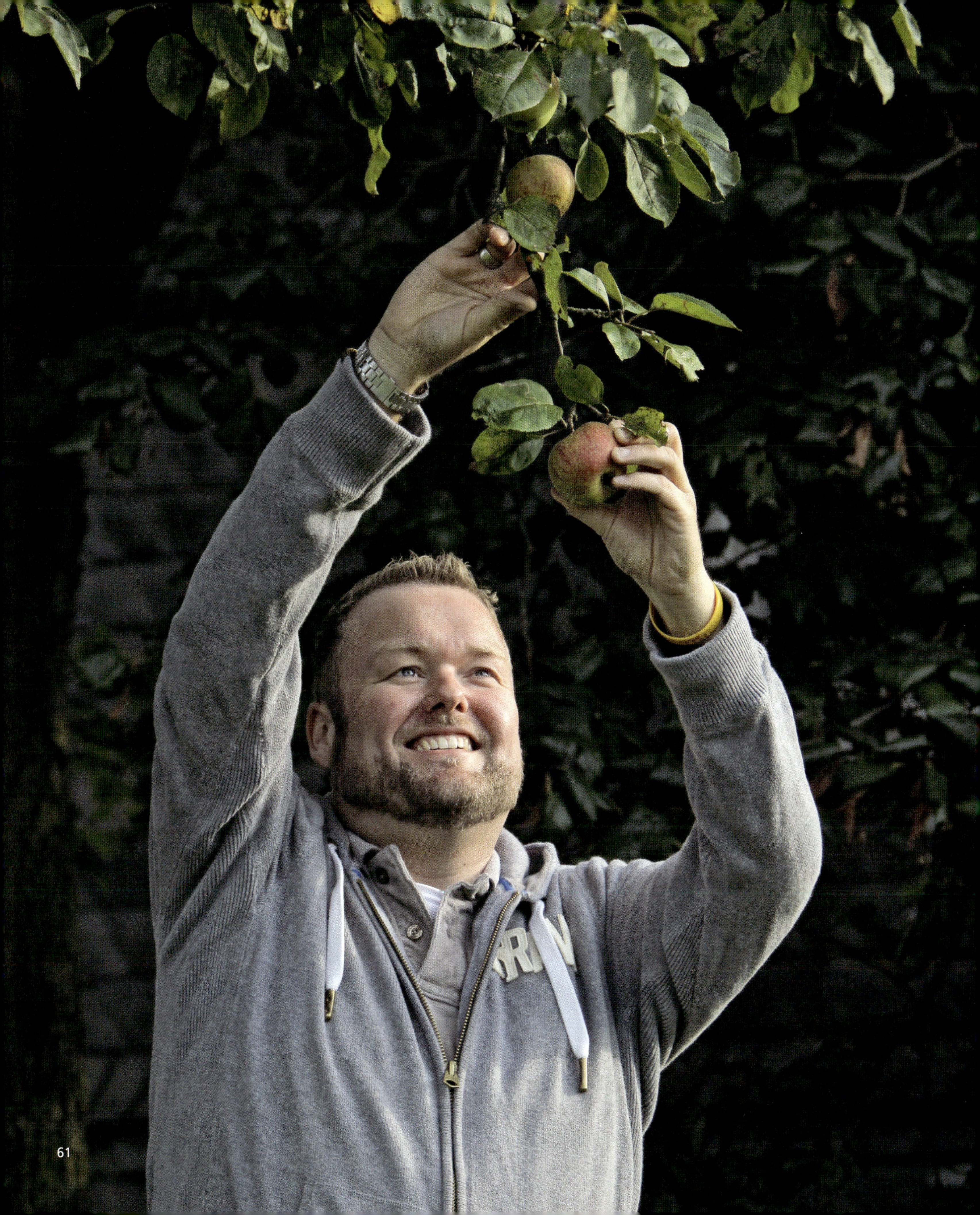

PIONIER DER

sonderen regionalen Produkte. Ein spezieller Touch vereint alle Gerichte im „Haus Stemberg", die klassische, traditionelle Küche, „keinesfalls aber veraltet, sondern immer am Zahn der Zeit", so der Koch selbst.

Regionalität – ein dehnbarer Begriff

Die Zutaten für das regionale Menü bezieht Sascha, so weit es geht, aus dem Bergischen Land, aber er sagt: „Regionalität bedeutet für mich nicht, ausschließlich Produkte aus der nahen Umgebung zu benutzen, sondern aus ganz Deutschland. Ich habe halt eine weiter gefasste Auffassung davon, was Regionalität bedeutet. Einige Sachen bekomme ich hier gar nicht." Seine Lieferanten sind weniger die Erzeuger der alten Generation, sondern eher die modernen, engagierten Freaks, beseelt ein gutes Produkt herzustellen und bereit, hart dafür zu arbeiten.

Seit acht Jahren unterstützt Sascha verschiedene Landwirte in der Velberter Region dabei, ihre Produkte zu vermarkten. Die Rede ist an dieser Stelle aber keinesfalls davon, mit jenen an den Großhandel oder diverse Supermarktketten zu treten. Nein, hier handelt es sich um den simplen Tipp, die frischen, natürlichen Produkte selbst zu verkaufen. Entgegen aller anfänglichen Existenzängste entschlossen sich die Bauern schließlich, seinem Ruf zu folgen und den Weg der Direktvermarktung einzuschlagen. Von Beginn an erhielten sie Saschas Garantie, dass er für ihren Kundenstamm schon sorgen würde. Außerdem sei ja selbst mit seinem Restaurant ein großer Abnehmer.

Einen befreundeten Landwirt überredete er beispielsweise dazu, mit Spargelrhizomen zu experimentieren. Dieser besitzt heute ein ganzes Feld des zarten Stangengemüses, schräg gegenüber vom Restaurant gelegen. Auf seinem Gut Kuhlendahl vertreibt er den Spargel immer häufiger sogar an Gäste, die diesem zuvor im „Haus Stemberg" probieren durften. Dem Metzger im Ort, der das Restaurant schon seit jeher mit bestem Schinken und Wurst beliefert, verriet er sein Geheimrezept für Blutwurst und andere Sorten – früher wurde im „Stemberg" selbst geschlachtet, heute ist dafür keine Zeit mehr –, und auch dieser kann zunehmend Stemberger Gäste zu seinem Kundenstamm zählen.

Grillparty in Stembergs Garten

Gute Produkte zu verwenden, ist für Sascha wesentlich. Zu wissen, wo sie herkommen und wie sie angebaut werden, noch viel bedeutungsvoller. Seine Gäste schätzen die besondere Qualität von Gemüse, Fleisch und Fisch und auch Saschas Mitarbeiter stehen mit voller Überzeugung hinter dem Küchenkonzept ihres Chefs. Zu wissen, dass er Rückhalt von Kollegen, Freunden und Familie bekommt in allem, was er tut, das ist Sascha wichtig. Wenn sich die Gelegenheit ergibt, liegt ihm daher viel daran, jenen etwas zurückzugeben, ja zu zeigen, dass er glücklich ist mit all dem, was er hat. Zu diesem Zweck nutzt er oft die lauen Sommerabende, um in gemütlicher Runde gemeinsam zu grillen. Als passende Location dient dafür der Garten, direkt hinter dem kleinen Haus der Stembergs gelegen. Einmal im Jahr ist ein großes Grillfest angesagt, und dann sind auch alle seine Mitarbeiter herzlich eingeladen. Dass sich Privates mit Beruflichem vermischt, ist für Sascha kein negativer Aspekt. Im Gegenteil, gehört sein Team doch irgendwie auch zu seiner Familie: „Bei mir arbeiten keine Nummern, sondern Gesichter, und der Wohlfühlcharakter im Team muss gepflegt werden." Ein insgesamt recht junges Team, einige Auszubildende, aber auch viele, die schon seit Jahren den Betrieb tatkräftig unterstützen. „Mit 18 Personen sind wir ein kleines Grüppchen. Bei uns herrscht ein familiäres Verhältnis", so der Küchenchef

Eine Grillsession im engeren Kreis verbringt Sascha am liebsten mit seiner Frau Coren und der zweijährigen Tochter Lina. „Aus zeitlichen Gründen schaffe ich es leider nicht so oft, aber in der Sommerzeit versuche ich, mir ein- bis zweimal im Monat die Zeit dafür einzuräumen." Sascha ist froh, wenn er auch mal etwas zu Hause machen kann. Er fühlt sich dort sehr wohl, umgeben von seiner Familie und weit entfernt vom Stress im Restaurant. Die Lage ihres Hauses trage ebenfalls einiges zur Entspannung bei. Dieses liegt leicht erhöht, im Velberter Tal, mit Blick auf die weiten, grünen Felder.

Geht es um die Wahl des Grillguts müssen es selbstverständlich auch im privaten Bereich frische, leckere und gesunde Produkte sein, das ist den Stembergs wichtig. Aussuchen kann sich dann jeder, was er will, meistens stehen allerdings die Familiengrillabende unter einem bestimmten Motto. Alle sind dann immer total begeistert und helfen gerne bei den Vorbereitungen mit. Gerade für Töchterchen Lina immer eine spannende Phase, wie der Familienvater berichtet: „Einmal haben wir Hot Dogs gemacht oder auch schon mal Hamburger. Pulled Pork war das aufwendigste Thema bisher." Eine ganze Schweineschulter oder ein Schweine-

Das Besondere im Hause Stemberg ist, dass seit jeher zusätzlich zu den à la carte Gerichten wahlweise zwei Sieben-Gänge-Menüs angeboten werden. Eines modern und aufwendig gestaltet, ausschließlich zubereitet mit Produkten aus aller Welt. Das andere, charakterisiert durch die besonderen Produkte der Velberter Region.

REGIONALEN KÜCHE

FAMILY GUY

nacken wird dabei über lange Zeit auf dem Grill bei niedriger Temperatur gegart, denn „Grillen sollte immer etwas Besonderes sein, immer abwechslungsreich. Man kann so viele tolle Sachen machen." Seine kleine Tochter isst am liebsten Würstchen, Coren mageres Fleisch und er gerne ein kräftiges Steak. Unverzichtbar ist für die Familie auch die Kombination mit Gemüse, Salat oder Obst. Und auch das Brot ihrer Lieblingsbäckerei darf niemals fehlen.

Nachdem die Planungsphase für das Motto des kommenden Grillfestes abgeschlossen ist, fährt Sascha daher persönlich los, um jedem Familienmitglied seine Lieblingszutat zu besorgen. An einem ganz speziellen Ort, ziemlich in der Nähe gelegen, gibt es definitiv alles, was er braucht, hohe Qualität und Frische inklusive.

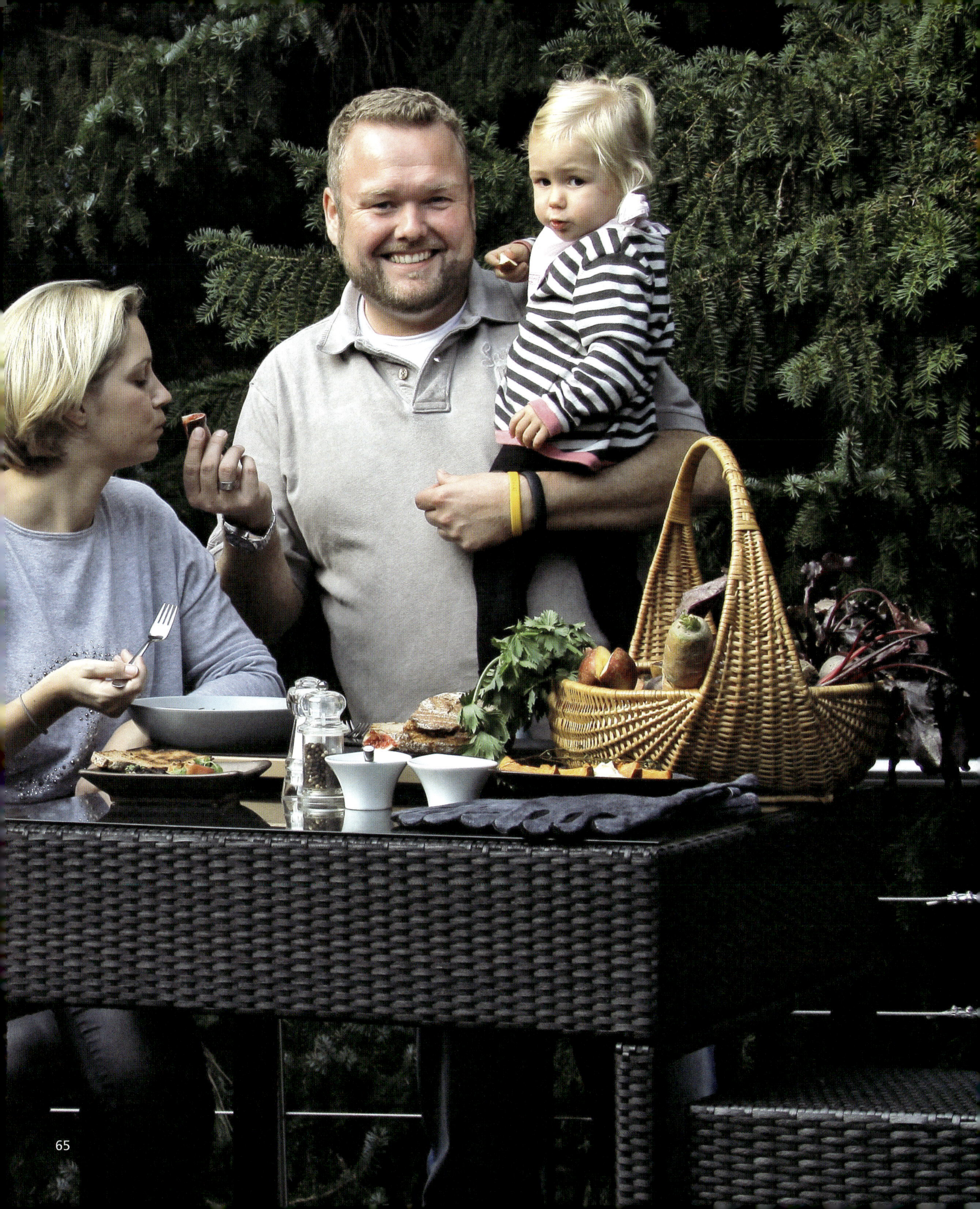

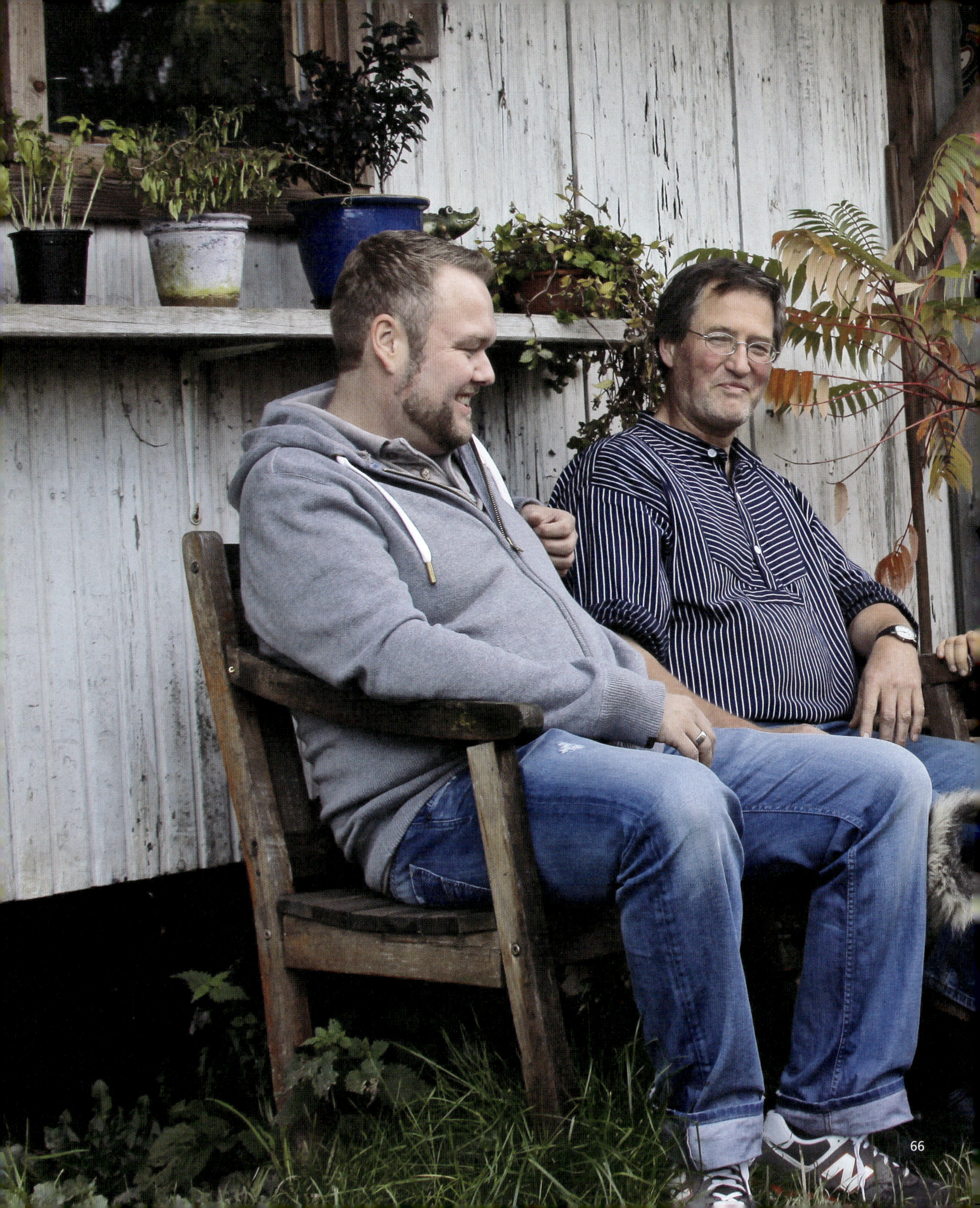

DIE WINDRATHER HÖFE

DER VORBERG-HOF

Miteinander – füreinander

Der Weg führt uns zu Ulfert Bewig-Glashoff auf seinem Hof Vorberg, wirklich nur eine kurze Autofahrt vom Haus der Stembergs entfernt.

Hof Vorberg liegt im Windrather Tal, einem landwirtschaftlichem Gebiet, begrenzt durch einige Stadtteile Wuppertals und städtischer Bebauung des südlichen Ruhrgebiets. Dieser Hof zählt zu einem Gemeinschaftsverbund von insgesamt fünf kleinen Bauernhöfen, die sich Anfang der 1970er-Jahre nach und nach zusammenschlossen. Die sogenannten Windrather Höfe bauen ausschließlich auf biologisch-dynamische und organisch-biologische Weise ihre Produkte an, arbeiten nicht in Konkurrenz zueinander, sondern hilfsbereit Hand in Hand. Mit der Natur im Einklang, behutsam sowie stets verantwortungsvoll bewirtschaften sie die Felder, halten Tiere und erzeugen Milch, Käse, Brot und andere Grundnahrungsmittel.

Insgesamt werden 53 Hektar von Ulfert und seiner Frau Dorothee, ihren Kindern, einigen Auszubildenden sowie Praktikanten und allen, die Lust haben zu helfen, täglich gepflegt und umsorgt, immer im Sinne der lebendigen Agrarkultur. Das einstige „Stadtkind" wollte ursprünglich Biologie studieren. Es zog ihn aber schon recht früh raus aus den Hörsälen und weg vom Schreibtisch geradewegs in die Natur. Zunächst betrieb Ulfert konventionelle Landwirtschaft, orientierte sich 1987 auf seinem Hof um und wirtschaftet seitdem ausschließlich biodynamisch, ganz nach den Demeter-Richtlinien.

Schnell war er von dem alternativen Anbau überzeugt und zählt es daher ebenso zu seinen Aufgaben, diese Philosophie und diesen besonderen Grundgedanken weiterzutragen. Nicht selten veranstaltet er daher Führungen für Schulklassen. Zeigt den Kindern, dass Milch von Kühen produziert wird, und lässt sie Vollkornbrot mit Butter und Käse essen. Eine echte Alternative zu Fast Food, das merken auch die Kinder. Im hofeigenen Laden bieten die Bewig-Glashoffs dann all ihre Produkte zum Verkauf an, zusätzlich aber auch einige der anderen von den Windrather Höfen. Auch wir bekommen eine kleine Führung. Die Auswahl ist vielfältig.

Bunt gemischt

Den Hofladen entdecken wir sofort, auch wenn der erste Blick darauf den Eindruck eines kleinen Ferienhäuschens erweckt. Weiße Holzpaneele, Fenster mit dünnen Sprossen verziert und eine begrünte Veranda heißen uns herzlich willkommen. Vor dem Haus lädt eine kleine Anzahl an Tischen und Stühlen, beschützt durch große Sonnenschirme, dazu ein, bei einer Tasse Kaffee den Anblick der Natur zu genießen. Wir betreten den Laden und verschaffen uns einen Überblick über das Sortiment.

Hof Vorberg steht für authentische regionale Produkte, die achtsam angebaut und in der jeweiligen Saison reif geerntet werden. Die Felder, der große Garten und das Gewächshaus bieten eine enorme Vielfalt an Wurzelgemüse, wie Radieschen oder Rüben, Hülsenfrüchte, wie Bohnen oder Erbsen, Kartoffeln, Getreide und Kohlsorten. Außerdem sind dort einige Kräuter, Salatsorten und Nachtschattengewächse, wie Tomaten oder Paprika, zu finden. Die Tierhaltung verläuft artgerecht und schonend ohne Hybridzüchtungen oder Intensivtierhaltung. Die 16 Kühe liefern frische Milch sowie wertvollen Dünger für die Felder, und die Hühner bringen Eier hervor. Charakteristisch für Hof Vorberg ist, dass die Erträge in eigener Initiative direkt weiterverarbeitet werden. Daher finden wir auch eine Auswahl an selbst hergestelltem Joghurt, Quark und Käse von bester Qualität und Frische. Auch Honig entdecken wir, aus den eigenen Bienenstöcken geerntet. Dinkel, Roggen und Weizensorten der Windrather Höfe vereinen sich in einer Gemeinschaftsbäckerei und werden traditionell zu frischen, saftigen Broten verbacken. Alles Produkte also, die zur Selbstversorgung dienen.

Das Schwein mit dem Gürtel

Neben den Feldfrüchten liefern die Äcker aber auch Futter für die Tiere des Hofes. Auf unserem Entdeckungsspaziergang begegnen wir den Hühnern – die laufen hier überall frei herum – und weit entfernt sehen wir einige Milchkühe, Rinder und Kälber auf der grünen, saftigen Weide grasen. Dann kommen wir an einem Unterstand vorbei, dessen Gestaltung und Bau die Projektarbeit einiger Schulklassen war, und müssen zwei Mal hinschauen, bis wir uns wirklich sicher sind. Die Schweine, die sich dort wohlig im Schlamm suhlen, gehören einer vom Aussterben bedrohten Rasse an, den Angler-Sattel-Schweinen. Hier scheinen sie sich wohlzufühlen und gar nicht zu wissen, wie es um ihre Artgenossen steht. Lustig sehen sie aus, denn der charakteristische weiße Streifen – auch Sattel genannt, daher der Name – zieht sich wie ein Gürtel um ihren Bauch und trennt den schwarzen hinteren Bereich vom vorderen.

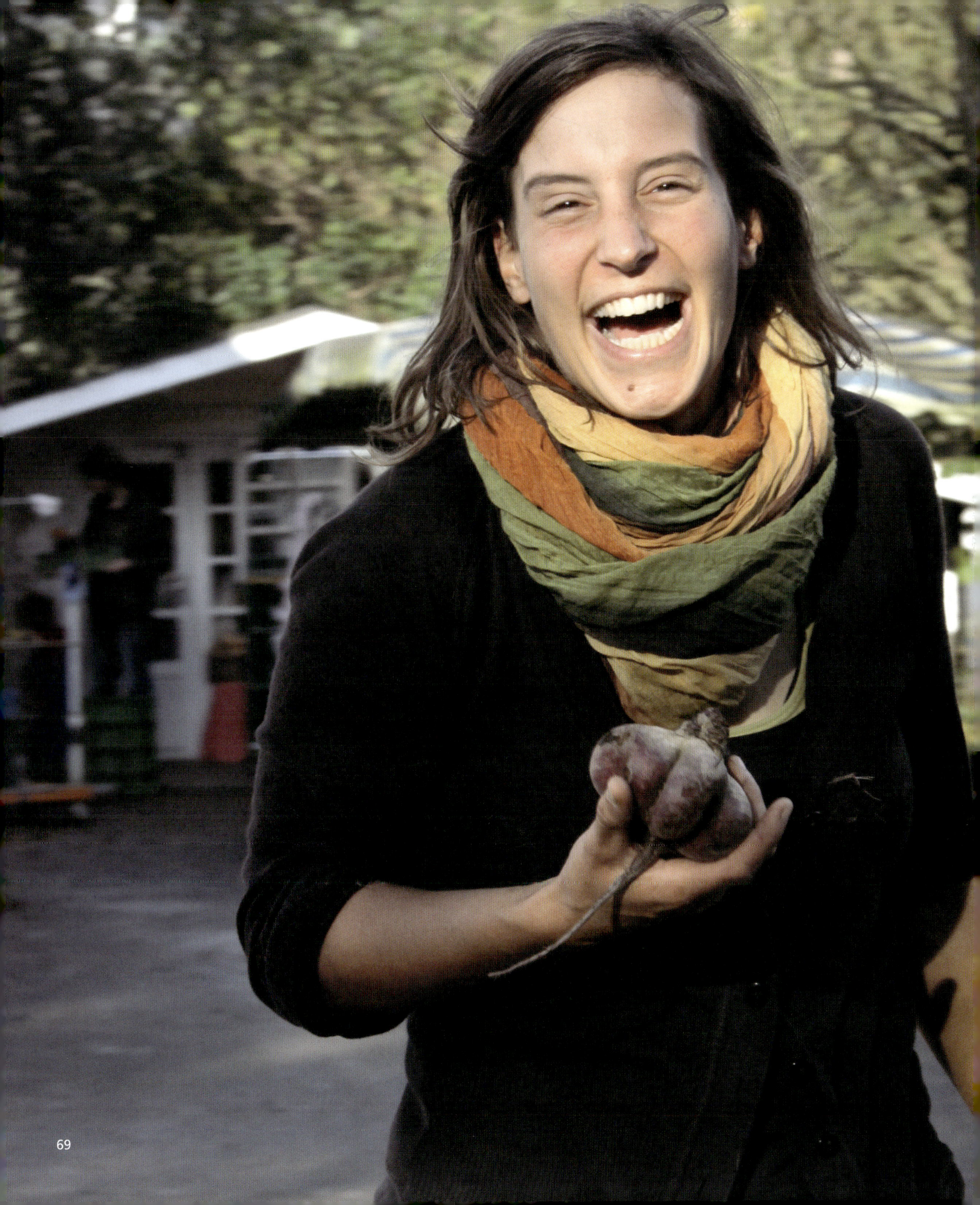

DIE GLÜCKSSCHWEINE

Ihre Ursprungsart stammt aus der Region Angeln im Nordosten von Schleswig-Holstein. Mitte der 1920er-Jahre wurde die Rasse von einem kleinen Kreis erfahrener Schweinezüchter mit dem englischen Wessex Saddleback gekreuzt. Der Angelner Landesrasse extrem ähnlich, sind diese jedoch schneller im Wachstum als ihre deutschen Artgenossen und bringen pro Wurf eine größere Zahl an Ferkeln hervor. Die Paarung der beiden Rassen ließ eine neue Art entstehen, in der Haltung und Zucht recht einfach und unkompliziert, im Fleischgeschmack authentisch. Mitte der 1950er-Jahre verlangte der Verbrauchermarkt dann aber zunehmend Schweinefleisch mit höherem Fleisch- und geringerem Fettanteil. Die Angler-Sattel-Schweine verloren immer mehr an Bedeutung, sodass sie in dieser Form heute nur noch selten anzutreffen sind. Umso schöner zu sehen, dass es Menschen gibt, denen es am Herzen liegt, Seltenheiten zu pflegen und zu erhalten, den Fokus dabei nicht auf die Masse, sondern auf das Wohlbefinden gerichtet.

Ethische Wertschöpfung
Familie Bewig-Glashoff kann als ebenso individuell beschrieben werden, wie es ihre Produkte sind. Solche Betriebe, immer darauf bedacht, charakteristische Produkte zu schaffen, die lebensfördernde und besondere Qualitäten besitzen, sind wertvoll für unsere kulinarische Zukunft. Das weiß auch Sascha und das schätzt er sehr. Mit der Familie Bewig-Glashoff steht er in engem Kontakt. Man kennt sich, und das schon seit Jahren. Immer wenn er vorbeikommt, ist ein Plausch fast schon ein Muss, meistens bei einer Tasse Kaffee vor einem der Bauwagen sitzend – viele Auszubildende wohnen in diesen – oder einem kurzen Spaziergang über den Hof. Er sagt, ein Austausch sei wichtig, für beide Seiten.

Am Ende unserer Tour durch den Hof Vorberg kaufen wir dann noch eine kleine Auswahl für den bevorstehenden Grillnachmittag ein und haben irgendwie ein wohliges Gefühl dabei, zu wissen, dass wir mit unserem Einkauf etwas Gutes unterstützen.

Technik und Equipment
Rösle-Kugelgrill • Barbecue-Wender • Grillrost • Holzkohle • direkte Hitze

4 Scheiben Sauerteigbrot, ca. 2 cm dick • Olivenöl • weißer Balsamico • Meersalz • schwarzer Pfeffer, grob gemahlen • 200 g Bio-Schafscamembert, in kleine Stücke geschnitten • 2 Tomaten, geviertelt und in dünne Spalten geschnitten • 100 g Wildkräuter (z.B. Schafgarbe, Vogelmiere, Löwenzahn)

Das Sauerteigbrot bei ca. 250° C in der Mitte des Grills schnell von beiden Seiten knusprig grillen. Danach die Tomaten auf das Brot geben. Den Schafskäse darüberlegen und auf dem seitlichen Rand des Grills bei ca. 130° C und geschlossenem Deckel grillen, bis der Käse leicht geschmolzen ist. Nun die Brote mit den Kräutern belegen, mit Salz, Pfeffer, Essig und Öl würzen und als Appetizer servieren.

SAUERTEIGSTULLE
MIT SCHAFSCAMEMBERT, TOMATE UND KRÄUTERN VOM WEGESRAND

Technik und Equipment
Rösle-Kugelgrill • Grillrost • Grillhandschuh • Holzkohle • indirekte Hitze

3 schöne Süßkartoffeln, gewaschen und in Spalten geschnitten • Olivenöl • Salz • Pfeffer • 2 Thymianzweige • 150 g Frischkäse • 100 g Crème fraîche • Abrieb von 1 Zitrone • 4 EL Schnittlauchröllchen • 1 EL gelbe Tandoori-Paste (Asialaden)

Für die Süßkartoffeln ein großzügiges Stück Alufolie doppelt legen. Die Kartoffelstücke mit der Schalenseite auf die Folie setzen und mit Olivenöl, Salz, Pfeffer und Thymian würzen. Die Folie nun locker einschlagen und die Kartoffeln bei kleiner Hitze (ca. 160° C) in der Mitte des Grills bei geschlossenem Deckel 20–25 Minuten garen. Währenddessen aus den anderen Zutaten einen pikanten Dip anrühren. Später die Kartoffelstücke aus der Folie nehmen und mit dem Dip servieren.

SÜSSKARTOFFELN MIT TANDOORI-CREME

Technik und Equipment
Rösle-Kugelgrill • Grillrost • Grillzange • Grillhandschuh • Holzkohle • direkte/indirekte Hitze

4 Bio-Schweinekoteletts • 1/2 Hokkaidokürbis, geschält, entkernt und in Scheiben geschnitten • Olivenöl • 2 Thymianzweige • 1 EL Honig • Saft von 1 Orange • Meersalz • schwarzer Pfeffer, grob gemahlen • 1 TL Kümmelsamen

Die Kürbisspalten aneinandergereiht auf Alufolie legen. Mit Honig, Orangensaft, Kümmel und einem guten Schuss Olivenöl marinieren. Mit Salz und Pfeffer würzen, den Thymian obendrauf legen und alles zu einem lockeren Päckchen einpacken. Den Grill auf ca. 250° C bei voller Flamme erhitzen. Sofort die Hitze mindern und das Kürbispäckchen in die Mitte legen. Den Deckel schließen. Nach 10 Minuten das Kürbispäckchen von innen nach außen legen und weitere 10 Minuten garen. Danach den Kürbis geschlossen vom Grill nehmen und beiseitestellen. Nun den Grill auf ca. 300° C erhitzen. Die Koteletts von beiden Seiten mit Salz und Pfeffer würzen und in der Mitte des Grills von beiden Seiten ca. 3 Minuten bei geschlossenem Deckel scharf anbraten. Danach die Hitze regulieren und bei offenem Deckel noch kurz nachgrillen. In der Zwischenzeit den Kürbis mit der entstandenen Schmormarinade auf 4 Tellern verteilen. Die Koteletts aufschneiden, die Schnittfläche mit Meersalz leicht nachwürzen und das Fleisch auf dem Kürbis verteilen.

KOTELETTS VOM LANDSCHWEIN MIT GESCHMORTEM KÜRBIS, ORANGE & KÜMMEL

Technik und Equipment
Rösle-Kugelgrill • Grillrost • Grillzange • Grillhandschuh • Holzkohle • indirekte/direkte Hitze

4 Äpfel (Boskop oder Elstar), gewaschen, halbiert und ausgehöhlt • 300 g gute Blutwurst, in feinste Würfel geschnitten • 8 TL Butter, zimmerwarm • 4 dünne Scheiben Sauerteigbrot • Rapsöl

Auf 8 kleine Alufolienblätter jeweils 1 TL Butter in der Mitte verteilen. Die Blutwurst fest in die Apfelhälften pressen und jeweils 1 Hälfte auf ein Stück Alufolie setzen. Die Päckchen gut verschließen. Den Grill auf 300° C erhitzen, die Blutwurst-Apfel-Päckchen nahe der Mitte legen und die Grilltemperatur sofort reduzieren, sodass er später eine Temperatur von ca. 150° C halten kann. Die Päckchen etwa 15 Minuten garen. In der Zwischenzeit die Sauerteigbrotscheiben mit Rapsöl einpinseln und von beiden Seiten knusprig grillen. Die Alufolie nach den 15 Minuten öffnen und testen, ob die Äpfel noch ganz leicht fest sind. Nun die Folie entfernen und je 2 Hälften mit 1 Scheibe Brot servieren.

ÄPFEL AUS DEM EIGENEN GARTEN MIT BLUTWURST UND RÖSTBROT

Technik und Equipment
Rösle-Kugelgrill • Grillhandschuh • Grillrost • Holzkohle • indirekte/direkte Hitze

2 Bio-Camemberts à ca. 200 g • 4 EL Rauchmandeln • 2 EL Honig • 2 Thymianzweige • 4 Feigen, geputzt und geviertelt • Olivenöl

2 quadratische Stücke Alufolie in der Mitte mit Olivenöl beträufeln. 1 Camembert in die Mitte setzen und auf jeden Käse 1 EL Honig und 2 EL Rauchmandeln geben. Nun obendrauf je 1 Thymianzweig geben und die Alufolie locker einschlagen. Den Grill auf voller Stufe auf ca. 200° C vorheizen. Die Hitze wieder runter regulieren. Den Käse und die Feigen nahe der Mitte auf den Rost legen. Bei geschlossenem Deckel ca.10 Minuten ziehen lassen und dann herausnehmen. Die Alufolie vorsichtig entfernen, der Käse sollte außen noch leicht fest sein, innen cremig. Den Käse jeweils in einen tiefen Teller setzen. Ich serviere ihn gerne als Dessert und stelle ihn dafür in die Mitte des Tisches, sodass man ihn gut löffeln und mit den Feigen und krossem Baguette genießen kann.

BIO-CAMEMBERT
MIT RAUCHMANDELN, FEIGEN UND HONIG

VON URSPRÜNGLICHEN PRODUKTEN, MODERNEN TECHNIKEN UND EINEM KOCH, DER DIE VERBINDUNG SCHAFFT

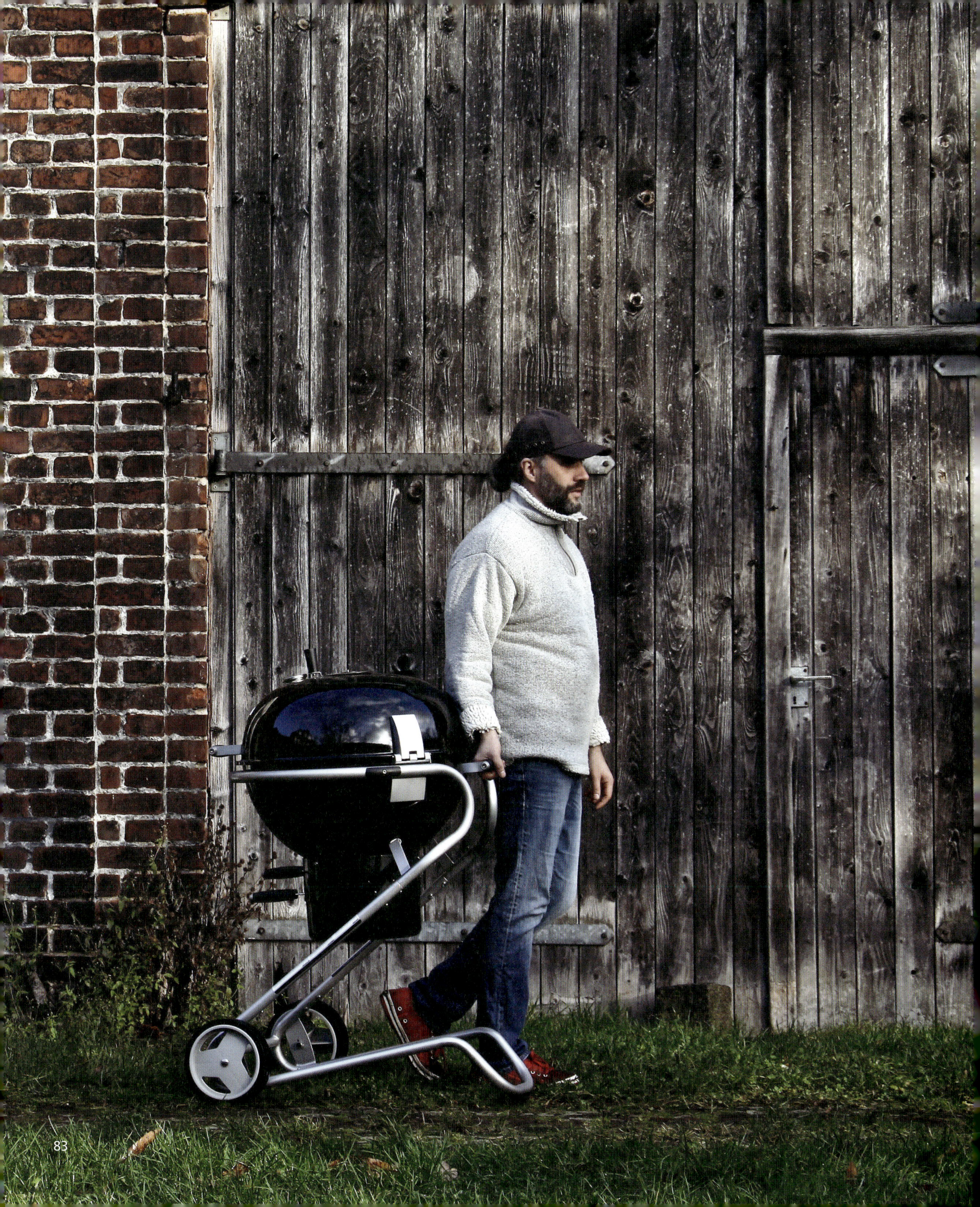

DIE VERSCHMELZUNG

Betrachtet man die Molekularküche, so lassen sich zwei verschiedene Lager entdecken, die jene spezielle Linie auf ganz unterschiedliche Weise bewerten. Ein Teil tendiert dazu, sie als gesundheitsgefährdende Wichtigtuerei der Köche abzutun. Die andere Gruppe wagt es, nicht vorschnell zu urteilen, und den Ergebnissen dieser Küche eine Chance zu geben. Denn die Molekularküche ist auch eine Möglichkeit, lang gehütete kulinarische Geheimnisse endlich aufdecken zu können. Wir wollen uns ein eigenes Bild machen, verabreden uns mit dem wohl innovativsten Molekularkoch Deutschlands, lernen, wie der Begriff Molekularküche heute zu gebrauchen ist und wie das Thema mit der Produktküche zusammenhängt.

Der „Molekulator" und der Bauernhof

Unser Ziel ist Bergkamen, am östlichen Rand des industriell geprägten Ruhrgebietes gelegen. Dort, wo sich die Autobahnen A1 und A2 kreuzen, sind wir mit Heiko Antoniewicz verabredet.

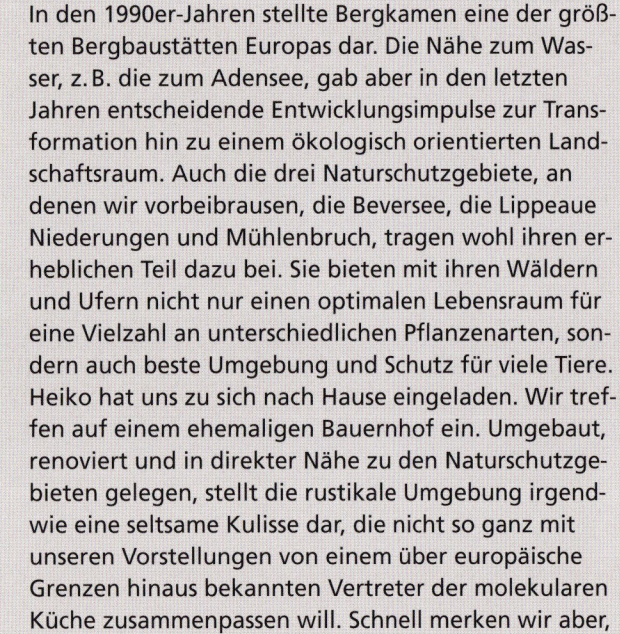

In den 1990er-Jahren stellte Bergkamen eine der größten Bergbaustätten Europas dar. Die Nähe zum Wasser, z. B. die zum Adensee, gab aber in den letzten Jahren entscheidende Entwicklungsimpulse zur Transformation hin zu einem ökologisch orientierten Landschaftsraum. Auch die drei Naturschutzgebiete, an denen wir vorbeibrausen, die Beversee, die Lippeaue Niederungen und Mühlenbruch, tragen wohl ihren erheblichen Teil dazu bei. Sie bieten mit ihren Wäldern und Ufern nicht nur einen optimalen Lebensraum für eine Vielzahl an unterschiedlichen Pflanzenarten, sondern auch beste Umgebung und Schutz für viele Tiere. Heiko hat uns zu sich nach Hause eingeladen. Wir treffen auf einem ehemaligen Bauernhof ein. Umgebaut, renoviert und in direkter Nähe zu den Naturschutzgebieten gelegen, stellt die rustikale Umgebung irgendwie eine seltsame Kulisse dar, die nicht so ganz mit unseren Vorstellungen von einem über europäische Grenzen hinaus bekannten Vertreter der molekularen Küche zusammenpassen will. Schnell merken wir aber, dass diese Kombination doch um einiges besser miteinander harmoniert als gedacht.

Mit Begabung zum Erfolg

Geboren ist der sympathische Koch mit dem Zopf allerdings in einer der Bergkamener Nachbarstädte. 1965 erblickte er in Dortmund das Licht der Welt, und bereits als kleiner Junge hatte er nur diesen einen Berufswunsch: Er wollte Koch werden. Selbst seine Lehrerin kann es bezeugen: In Heikos Schulzeit gab es kaum ein anderes Thema, welches ihn so sehr faszinierte.

Heiko Antoniewicz kann als Senkrechtstarter bezeichnet werden. Bereits im Laufe seiner Ausbildung erkochte er eine breite Palette an Auszeichnungen und Titeln. 1990 wurde er sogar zum jüngsten „Koch des Jahres" gekürt, den es bis dato in Deutschland gab. Heute kann er seinen Lebenslauf durch zahlreiche publizierte Kochbücher, Fernseh- und Radioauftritte sowie dozierte Workshops und Vorträge in ganz Europa und Asien ergänzen. Aber auch ein Heiko Antoniewicz hat mal klein angefangen.

Nach seiner Ausbildung im Dortmunder Hotel „Lennhof" machte er an vielen unterschiedlichen kulinarischen Stationen halt. Seine Intention: so viel Inspiration und Erfahrung wie möglich sammeln. Die Selbstständigkeit war sein Ziel. 1992 gründete er zusammen mit Monica Wechsler, heute eine erfolgreiche Patisserie-Meisterin, den Cateringservice „Art Manger". Der Erfolg brachte es mit sich, dass die Eröffnung des gleichnamigen Restaurants nicht lange auf sich warten ließ – 2001 wurde jenes sogar mit einem Stern von Michelin ausgezeichnet. Seine kulinarische Karriere gipfelte außerdem in der Ehre, Menüs für bedeutende Persönlichkeiten, wie unsere amtierende Bundeskanzlerin Angela Merkel (2006) oder Königin Elisabeth II. bei ihrem Besuch in Berlin (2005), zu kochen.

2004 zog es ihn nach Frankfurt. Dort wurde er Küchendirektor bei „Kofler und Company" und verantwortete die Produktentwicklung sowie das Qualitätsmanagement. Dann geschah etwas, das Heikos kulinarische Zukunft extrem beeinflusste, er entdeckte sein Interesse für die molekulare Küche. Ein Vortrag von Ferran Adrià machte ihn neugierig darauf. Mehrfach ausgezeichnet als „Bester Koch der Welt", war es eben jener katalanische Drei-Sterne Koch, der maßgeblich an der Entstehung der Avantgarde-Küche beteiligt war und damit einhergehend weltweit die Kochkunst revolutionierte.

Die molekulare Küche wurde zu Heikos Passion. Bis heute testet er immer wieder neue, individuelle Kreationen, forscht und eignet sich Wissen an, das weit über das Repertoire eines Kochs hinausgeht. Außer-

ZWEIER WELTEN

KULINARISCHER UMBRUCH

dem arbeitet er als selbstständiger Berater und Trainer und gibt sein Wissen in Seminaren weiter. Zusätzlich bietet er Kochkurse für interessierte Hobby- und Profiköche an.

Kochrevolution Molekularküche
Durch die Medien kommuniziert, assoziieren viele Menschen die molekulare Küche mit Show-Cooking, reduzieren sie auf den Gebrauch von Stickstoff, der viel Dampf und Nebel mit sich bringt, und erwarten von ihr Speisen, die in futuristischer Weise präsentiert werden. Oft wird sie auch als Spaßküche abgetan, die weniger auf den guten Geschmack als auf die Effekthascherei abzielt.
Zunächst einmal ist der Begriff „Molekularküche" für das, was jene Küchenlinie heute kennzeichnet, unpassend gewählt, denn er drückt nur einen Stil aus. Die molekulare Küche hat eine lange Tradition, wurde im Laufe ihrer Existenz extrem weiterentwickelt und vereint heute viele verschiedene Techniken. Ziel war und ist es nach wie vor, durch die Anwendung chemischer, physikalischer und biochemischer Kenntnisse eine neue sowie noch intensivere Geschmackstiefe der Zutaten zu erreichen.
Ferran Adrià war es, der sich als einer der ersten Sterneköche mit der molekularen Küche intensiv beschäftigte. Im Fokus stand bei ihm vor allem die Intention, hoch komplizierte, stark in sich differenzierte Menüs zu schaffen. Im Laufe der Zeit entstand daraus eine moderne Form der Haute Cuisine. Heute ist es passender, von einer molekularinspirierten Küche zu sprechen, denn sie zielt mehr auf die Verbindung von Tradition und Moderne ab.
Flavour Pairing ist eine dieser Techniken. Hierbei finden Lebensmittelkombinationen auf der Basis naturgegebener Aromaharmonien statt. Zum einen wird der reine Geschmack in seiner Verbindung berücksichtigt, zum anderen werden aber auch alle bei der Nahrungsaufnahme aktivierten Sinne miteingeschlossen. Durch die Wissenschaft ist es möglich, jene Kombinationen fundiert zu erarbeiten, um dann in der Praxis Lebensmittel ihrer Natur entsprechend präsenter und vielfältiger machen zu können. Eine weitere Methode ist das Sous-vide-Garen. Anders als bei der klassischen Speisezubereitung – die Zutaten werden in einer Pfanne oder einem Topf roh, von außen nach innen gegart – verwendet man bei dieser Technik das Verfahren in umgekehrter Weise. Bei niedriger Temperatur garen die Produkte, vakuumiert in einem Plastikbeutel, schonend im Wasserbad und werden erst anschließend durch Braten oder Grillen mit Röstaromen und Farbe versetzt. Vorteil dabei ist, dass die Zutaten im eigenen Saft garen, wodurch ihr Geschmack nicht verändert und ihre Frische, die Vitamine sowie Nährstoffe erhalten bleiben.
Fest steht also, dass die moderne molekulare Küche darauf abzielt, dem Gast das Produkt wieder in seiner Natürlichkeit schmecken zu lassen. Zu diesem Zweck bedient man sich des Know-hows der Naturwissenschaften. Was lange Zeit vom Gast wenig gefordert wurde – die Aufmerksamkeit dem reinen Produkt zu schenken –, erlangt durch diese, ja man könnte sagen „Kochrevolution" ihr Comeback.

Regionales Networking
Heiko legt dabei vor allem Wert auf den Gebrauch der ursprünglichen, regionalen Produktvielfalt. Und an dieser Stelle beginnt auch die Tatsache Sinn zu machen, dass einer der innovativsten deutschen Molekularköche diese eher ländliche Wohnlage inmitten der Natur als Standort für sein Zuhause gewählt hat. Es ist ihm wichtig, genau zu wissen, woher seine Produkte stammen und unter welchen Bedingungen sie angebaut werden. Im Laufe der Zeit hat sich Heiko daher ein stabiles Netzwerk an lokalen und regionalen Produzenten aufgebaut: „Ich besorge mir die meisten Produkte im nahen Umkreis. In einem Radius von etwa 50 Kilometern finde ich so gut wie alles, was ich mir wünsche." Klar, er beziehe auch einige Produkte aus anderen Regionen, wenn sich die Qualität als deutlich besser erweist, möchte aber, soweit es geht, die heimische Wirtschaft unterstützen. Auch privat haben regionale Produkte Vorrang: „Einen Steinwurf von meinem Haus entfernt gibt es einen kleinen Bauernhof, der ein großes Sortiment an eigenen Produkten verkauft, z.B. Schinken, Kartoffeln, Wurst und in der Saison auch feinsten Spargel." Die molekulare Küche findet im privaten Haushalt von Heiko und seiner Frau wenig Verwendung, die Gerichte müssen nicht immer aufwendig sein. Allerdings sollten sie auch hier natürlich und echt in ihrem Geschmack daherkommen. Die Zubereitung geschieht dann immer auf ganz unterschiedliche Weise.

Vielfältig einsetzbar
An sommerlichen Tagen und wenn es die Zeit zulässt, befeuert Antoniewicz am liebsten seinen Grill – auch im Beruf verwendet er ab und an einen solchen, „ein-

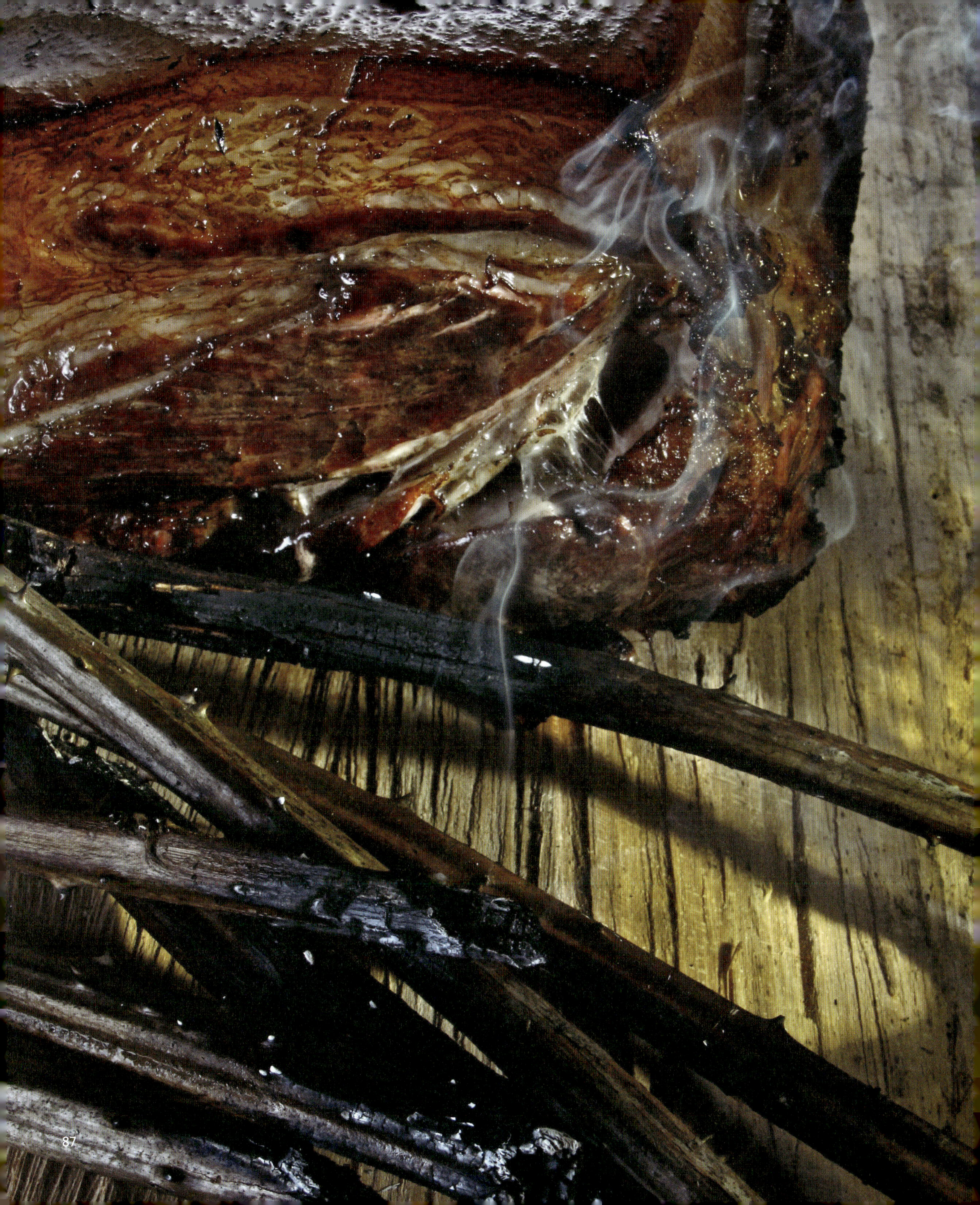

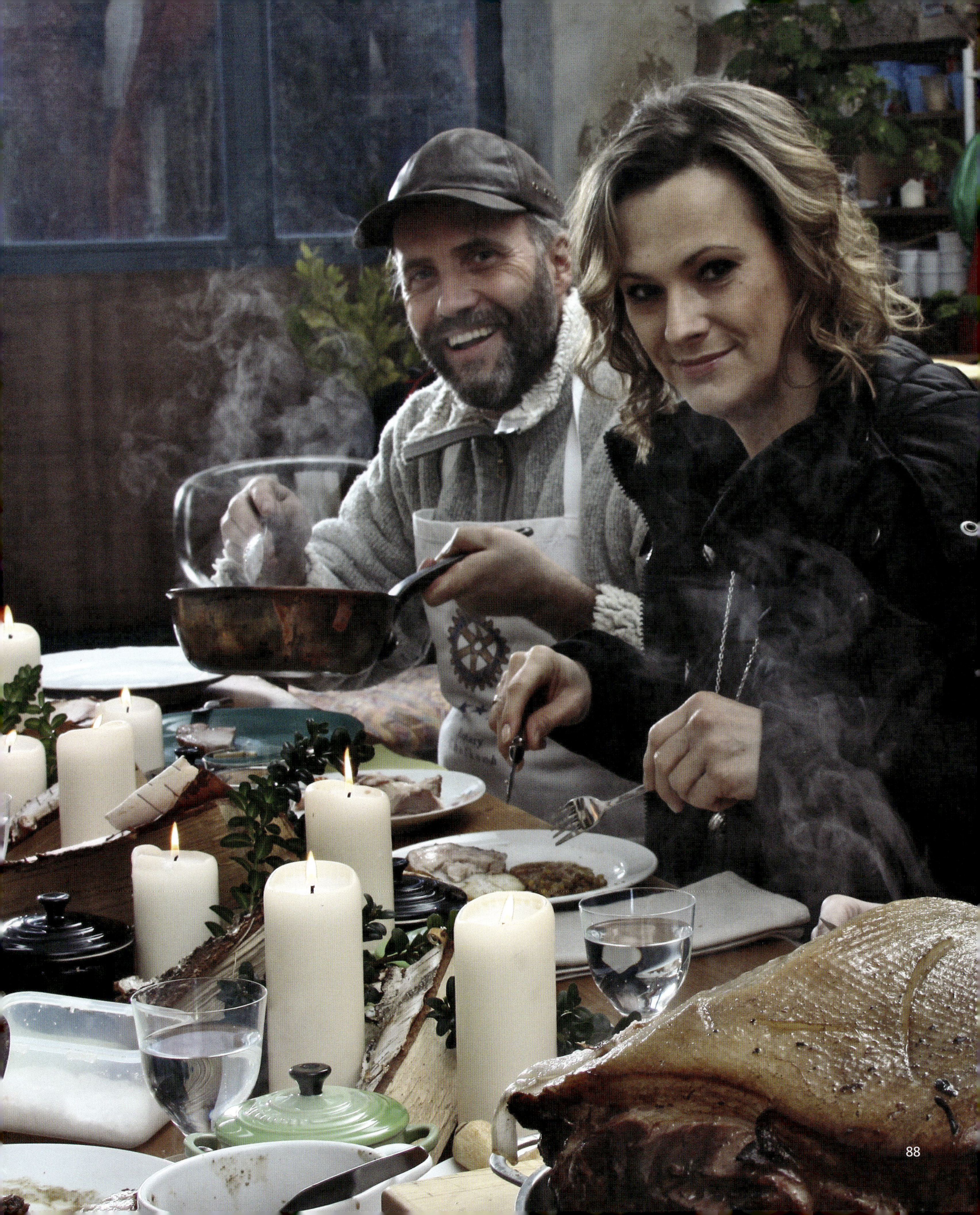

WINTERGRILL

fach, um den Gerichten ein anderes Aroma und diesen gewissen Grillcharakter zu verleihen". In der Hektik eines Küchenbetriebes kommt allerdings nur wenig bis gar kein Grillfeeling auf.

Zu Hause zelebriert er diese Form der Speisezubereitung dafür umso mehr: „Man hat privat natürlich mehr Zeit und kann das besser genießen." Ihn fasziniert immer wieder aufs Neue, wie facettenreich die unterschiedlichen Produkte auf einem Grill zubereitet werden können. „Vielen Leuten ist das oftmals nicht bewusst. Auch, dass Grillen mehr sein kann, als nur Würstchen und Fleisch zu garen." Denn auch Süßspeisen, Backwaren oder andere Leckereien, deren Zubereitung man eigentlich auf eine gut ausgestattete Küche reduzieren würde, können einfach und unkompliziert auf einem Grill entstehen, wie er feststellt: „Wir sitzen dann oft zusammen bei einem Glas Wein oder Bier und probieren die verschiedensten Dinge aus, oftmals verfeinern wir die Gerichte noch mit Kräutern und Blüten aus unserem eigenen Garten." Am liebsten bereitet Heiko auf dem Grill aber niedrigtemperaturgegarte Dinge, wie eine ganze Schweineschulter oder Schweinenacken, zu (Pulled Pork). Besonders, wenn sich Besuch ankündigt, sind diese Gerichte perfekt geeignet. Das Fleisch kann langsam garen, und für den Grillmeister bleibt genug Zeit, sich um die Gäste zu kümmern.

Doch er weiß: „Schweinefleisch ist ja immer so eine Sache. Viele Leute sind aus Angst, schlechtes Fleisch zu essen, diesem gegenüber meist skeptisch eingestellt. Und gerade in der gehobenen Gastronomie wird Schweinefleisch nicht viel verwendet." Heiko hat aber eine ganz besondere Anlaufstelle, die beste Qualität sowohl beim Fleisch als auch der Zucht der Tiere garantiert. „Ich finde es bewundernswert, wie urtypisch und respektvoll dort mit den Tieren umgegangen wird. Das sind gute Eigenschaften, die wichtig sind." Das wollen wir mit eigenen Augen sehen. Wir fahren hin. Es geht Richtung Niederlande.

Nicht nur im Sommer landen beste Produkte auf dem Grill. Es spricht nichts dagegen, auch bei eisigen Temperaturen anzufeuern und Familie, Freunde und Bekannte zu einem herrlichen Wintergrillen zu laden.

DAS LIVAR-KLOSTERSCHWEIN

In aller Munde

Die Provinz Limburg, im südlichsten Zipfel der Niederlande gelegen, hat in vielen Punkten ihren ganz eigenen Reiz, ja wirkt im Vergleich zum Rest des Landes sogar ein wenig autark. Das allseits bekannte Flachland der Niederlande wird in diesem Gebiet von grünen, saftigen Hügeln durchzogen. Der Großteil der Bevölkerung spricht nicht die niederländische Sprache, sondern einen eigenen limburgischen Dialekt. Und auch aus kulinarischer Sicht gibt es dort eine markante Besonderheit zu entdecken.

Denn in dem kleinen Örtchen Echt, fernab von Massentierhaltung und Industrieware, entsteht auf dem Gelände eines jahrhundertealten Klosters noch ein charakteristisches, authentisches Stück Fleisch. Eine kleine Gruppe erfahrener Schweinebauern züchtet und hält in enger Zusammenarbeit mit den dort ansässigen Mönchen die besonderen Livar-Schweine. Kein unbedeutender Grund, warum die kleine niederländische Provinz bis weit über ihre Grenzen hinaus „in aller Munde" ist.

Fleisch mit Seele

Hauptinitiator und einer der vier Besitzer von Livar ist Frans de Rond. Er war es, der vor 20 Jahren nach einer neuen Orientierung für seinen Hof suchte und durch dessen Recherchen und großen Eifer das Fleisch des Livar-Schweins heute so besonders und aromatisch ist. Doch der Weg zum Erfolg war nicht einfach.

Sein ganzes Leben war er leidenschaftlicher Schweinezüchter, kümmerte sich stets pflichtbewusst um eine artgerechte Haltung der Tiere. Ende der 1990er-Jahre kam sein Hof jedoch in eine Krise, denn das Schweinefieber fand seinen Weg aus dem afrikanischen Raum über Amerika nach Europa, und die Verkaufszahlen sanken rapide. Frans sah seine Existenz gefährdet. Ein Plan B musste her. Zusammen mit weiteren Bauern traf man sich zu einer Diskussionsrunde und veranstaltete ein Brainstorming. Es galt, die Frage zu klären, wie man auch weiterhin auf „normale" Weise sein Geld mit Schweinefleisch verdienen und dabei das Wohlwollen der Kunden bewahren konnte. Auch mit den örtlichen Metzgereien, Restaurantbesitzern und Küchenchefs trat er in Kontakt. Frans holte sich von jedem potenziellen Fleischkonsumenten Meinungen über die Zukunft von Schweinefleisch ein und kam zu dem Ergebnis, dass in der Branche ein allgemeiner Tenor herrschte: ein Wechsel des Berufszweigs. In der Automobilbranche oder im Weingeschäft habe er bessere Chancen, hieß es. Dort gäbe es verschiedene Marken und Sorten, auf die man im Falle einer Krise zurückgreifen könne. Bei Schweinefleisch aber mache niemand einen Unterschied und nur die Preise für den Großmarkt seien hier entscheidend. Frans wollte seine Schweinchen aber nicht aufgeben und erweiterte den Informationsradius. So kam es, dass er auch in Südspanien und Italien Schweinezüchter, Metzgereien und Restaurants besuchte. Auf seine Frage, welche Schweinefleischgerichte diese auf ihren Speisekarten führten, bekam er immer wieder die gleiche Antwort: „Wir haben keine Gerichte mit Schweinefleisch!" Frans konnte das nicht glauben und forschte nach. Entgegen aller Aussagen entdeckte er sehr wohl einige Speisen, beispielsweise mit Pata Negra, Parmaschinken oder Wildschwein zubereitet. „Das ist kein Schweinefleisch, sondern Fleisch mit einer Seele", bekam er zu hören. Wenn er so ein Fleisch produzieren könne, sei ihm damit ein Platz auf der Speisekarte sicher. Frans nahm die Herausforderung an.

Die Mischung macht's

„Fleisch mit Seele anzubieten, bedeutet zunächst, ein Fleisch zu produzieren, das schmeckt. Es sind genau drei USP, die das Fleisch unseres Livar-Schweins auszeichnen", erklärt uns Frans de Rond. Der erste Punkt ist die Rasse. Diese hat er selbst gezüchtet. Das Livar-Schwein ist eine Kreuzung aus einer alten holländischen Landesrasse mit amerikanischem Duroc, dem Schwäbisch-Hällischen Landschwein und dem englischen Saddleback. Durch die komplexe Kreuzung sind Livar-Schweine keinesfalls optisch einheitlich, sondern bunt gemischt. Es gibt schwarze, graue, braune, rosafarbige und gescheckte. Sie alle haben aber etwas gemeinsam: diese charakteristische Decke mit Fett und die außergewöhnliche Fettmarmorierung im Fleisch. Dazu trägt auch das richtige Futter bei. „Unsere Schweine bekommen alles, was regional zu finden ist", sagt Frans, ausnahmslos vegetarische Kost, bestehend aus Naturprodukten. Einige haben sie sogar auf Biofutter umgestellt. Der dritte Aspekt ist die Haltung der Tiere. Livar-Schweine haben ein ganz besonderes Leben, wie Frans schwärmt: „Sie haben viel Platz, sind immer draußen, haben ein Bettchen aus Stroh in ihrem Stall und können den ganzen Tag essen, trinken, spielen und wühlen, so viel, so lange und so oft sie wollen." Viele der Livar zugehörigen Betriebe wurden bereits von der Tierschutzkontrolle mit einem Drei-Sterne-Zertifikat ausgezeichnet, einige weitere

FRANS DE ROND

EIN IDEALES QUARTETT

befinden sich zur Zeit noch im Übergang dorthin. Dem Käufer wird damit die genaue Prüfung und Einhaltung in den Punkten Anspruch, Unabhängigkeit, Kontrolle und Transparenz garantiert. Eine höhere Auszeichnung gibt es nicht.

Ein jedes Livar Schwein verbringt seine ersten Lebenstage in den alten Stallungen der Abtei Lilbosch. Dort werden sie geboren, kurze Zeit gepflegt und erst danach zur Aufzucht an die Betriebe gegeben. Etwas Besonderes zu produzieren erfordert, auch besondere Umstände. Frans hielt das Kloster und die Mönche als Partner für eine gute Wahl. Und er behielt Recht.

Die Mönche und ihre Schweinchen

Die Abtei Lilbosch war schon in seiner Kindheit ein großes Thema. Direkt in der Nachbarschaft gelegen, kam er täglich auf dem Weg zur Schule oder in die Innenstadt daran vorbei. Seit der ersten Begegnung war Frans von dem Ort fasziniert und von der Lebensweise der dort lebenden Zisterziensermönche beeindruckt. Als Messdiener gewann er frühzeitig Einblicke auch hinter die Kulissen, wusste, dass die Mönche schon seit 180 Jahren auf ihrem weitläufigen Anwesen auch Schweine züchten. Ganz traditionell, naturverbunden und stressfrei leben sie dort in den alten Stallungen des Klosters und werden täglich achtsam von den Mönchen umsorgt. Aber auch die Abtei wurde von der Fleischkrise Ende der 1990er-Jahre nicht verschont. Die zurückgezogene Lebensweise der Mönche, die möglichst den Kontakt zur Außenwelt vermeiden, verstärkte die Not zusätzlich. Denn die Zisterziensermönche essen kein Fleisch, leben ganz nach dem Gebot der Fleischabstinenz. Die Schweinezucht und der Fleischverkauf waren daher ein reiner Erwerbszweig, und dieser Verdienst blieb nun aus. Ein Segen für alle Beteiligten war es daher, als Frans de Rond vor 15 Jahren zu ihnen kam und von seinen Erfahrungen im Ausland und seinem Plan, „gutes Fleisch mit Seele" zu produzieren, berichtete. Er benötigte einen geeigneten Ort und die richtige Schweinerasse, die insgesamt 13 Mönche brauchten jemanden, der sich um den Kundenkontakt kümmert. Eine Kooperation war schnell ausgemacht, und jeder bekam seinen festen Aufgabenbereich zugeschrieben. Die Mönche konnten sich wieder voller Hingabe den Schweinen widmen und für ihre natürliche Umgebung und die achtsame Zucht sorgen. Im Gegenzug wurden sie von der wirtschaftlichen Belastung sowie dem Kundenkontakt befreit. Diese Aufgaben hat zum größten Teil Frans' Sohn, die dritte Partei im Livar-Team, übernommen. Ein weiterer sehr erfahrener Schweinezüchter komplettiert das Quartett. Dieser unterstützt das Projekt an allen Fronten.

Die Fleischateliers

Neun Betriebe sind es zurzeit, welche die besonderen Livar-Schweine ganz nach den Vorstellungen und Richtlinien des vierköpfigen Teams aufziehen. Das Konzept, den Schweinen ausschließlich regionales, vegetarisches Futter zu geben und für ihren unbeschwerten Auslauf zu sorgen sowie stets danach zu streben, einen natürlichen Umgang mit diesen zu bewahren, wurde in Absprache mit den Mönchen kopiert und auf eben diese Höfe übertragen. Regelmäßige Kontrollen garantieren den richtigen Ablauf. Wichtig ist auch, dass die Schlachthöfe nicht weit von den Betrieben entfernt sind. Unnötiger Stress für die Tiere soll möglichst vermieden werden.

Momentan werden zwischen 170 und 180 Livar-Schweine pro Woche geschlachtet, je zehn davon wurden mit Bio-Futter aufgezogen. Geschmacklich gibt es nur einen geringen Unterschied, der Preis ist allerdings um einiges höher, da der Anbau von Bio-Futter kostspieliger ist. Der Kunde kann sich aussuchen, welche Sorte Fleisch er haben möchte. Drei Mal in der Woche werden die besonderen Schweine geschlachtet, innerhalb der darauf folgenden zwei Tage zerlegt und zu den verschiedenen Produkten verarbeitet. „Einen geringen Teil der Fleischzubereitung machen wir in unserem eigenen Betrieb, haben aber sowohl im In- als auch im Ausland einige Partnerschaften mit dem richtigen Know-how", sagt Frans. In Andalusien oder Parma lassen sie beispielsweise ihre besonderen Schinken trocknen. Nach dem Reifeprozess wird das Fleisch wieder nach Limburg geliefert und von dort aus ausschließlich an ausgewählte Zwischenhändler gegeben. In den Supermarktbereich wollten sie nie gehen, das „geht immer schief", erzählte uns Frans. Zehn Großhändler und etwa 100 Metzger kann Livar zu seinen Kunden zählen. Ein kleiner Kreis, aber der enge Kontakt ist von großem Vorteil: „Die Händler bekommen Feedback von ihren Kunden, und uns erreicht es dadurch auch. So können wir viel besser reagieren und noch mehr auf die Wünsche der Endkunden eingehen."

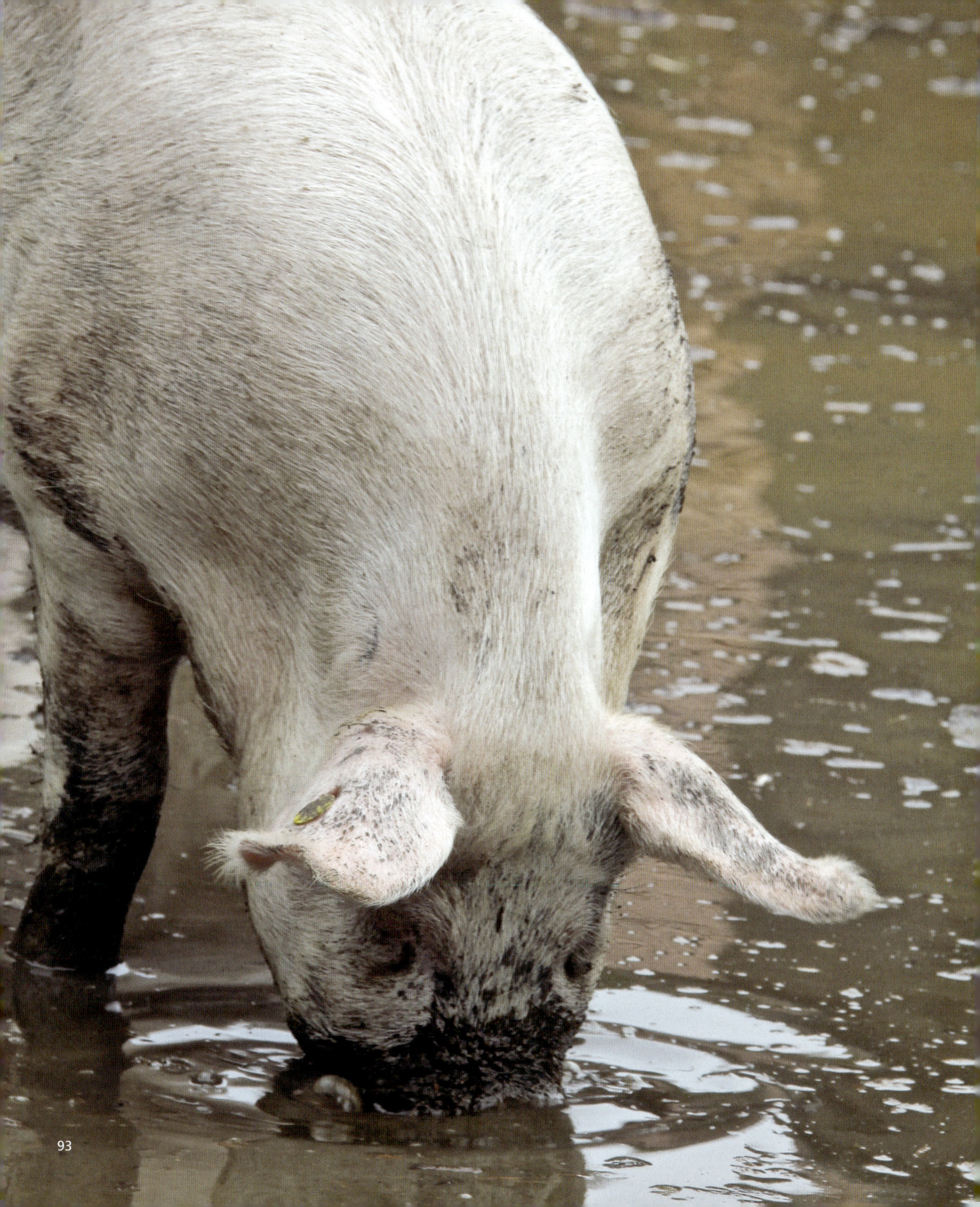

Technik und Equipment
Rösle-Kugelgrill • Grillzange • Grillrost • Holzkohle • direkte/indirekte Hitze

Bäckchen: 4 Livar-Schweinebäckchen • 3 g Raz al Hanout • 200 ml reduzierte Schweinejus • Salz • 2 EL Rapsöl • **Linsen:** 100 g Tellerlinsen • 40 g Gemüsewürfel (Lauch, Sellerie und Karotte) • 1 Thymianzweig • 1 kleine Schalotte • 200 ml Schweinefond • 2 EL Rapsöl • etwas Holunderblütenessig • Salz • **Sellerie:** 1/2 Sellerieknolle • 1 Stange englischer Sellerie • 20 g Butter • Salz • etwas Wasser

Bäckchen: einen gusseisernen Topf im Grill bei 240° C erhitzen und das Öl hineingeben. Bäckchen salzen und in dem Öl kurz anbraten, Raz al Hanout dazugeben und die Jus aufgießen. Den Topf mit einem Deckel abdecken. Bei 140° C und bei geschlossener Haube 2,5 Stunden garen. Dann die Bäckchen ausstechen und die Jus mit etwas Kartoffelstärke binden. Würzig abschmecken und die Bäckchen in der Sauce glasieren.
Linsen: Tellerlinsen in kaltem Wasser 3 Stunden einweichen. Schalotte in Öl anschwitzen, leicht salzen und dünsten. Die gut abgetropften Linsen dazugeben. Thymianzweig zufügen und Schweinefond aufgießen und einmal aufkochen lassen. Mit Backpapier abdecken und langsam weiterdünsten. Kurz vor Garende die Gemüsewürfel dazugeben und nur noch ziehen lassen. Würzig mit Salz und Holunderblütenessig abschmecken. Thymianzweig entnehmen.
Sellerie: Knolle schälen und in große Stifte schneiden. Mit der Butter, Salz und Wasser vakuumieren. Aus dem Beutel nehmen und bei 85° C im Wasserbad 30 Minuten garen. Auf dem Grill bei 160° C kurz rösten und bräunen. Englischen Sellerie in feine Streifen schneiden und das Blattgrün zur Seite stellen.
Fertigstellen: Selleriestifte anrichten und die Linsen darauf platzieren. Mit dem rohen Sellerie und Sellerieblättern garnieren. Die glasierten Bäckchen mit der Sauce daraufsetzen.

LIVAR-SCHWEINEBÄCKCHEN,
RAZ AL HANOUT, LINSEN, SELLERIE

Technik und Equipment
Rösle-Kugelgrill • Pizzastein • Grillzange • Grillrost • direkte Hitze

Schweineschulter: 1 Livar-Schweineschulter mit Knochen • 20 ml Liquid Flavour Universell (Würzmittel) • 200 g Brombeerholz • 60 g Saure Sahne • 8 g scharfer Senf • Salz • etwas heller Essig • 40 g Pflücksalat • 4 Radieschen • **Ciabatta:** 500 g helles Dinkelmehl • 25 g Brotkrumenabrieb • 12 g Hefe • 11 g Salz • 4 g Zucker • 60 ml Olivenöl • 330 ml lauwarmes Wasser • Weizengrieß

Schweineschulter: Fleisch mit Knochen mit dem Liquid Flavour vakuumieren und im Wasserbad 12 Stunden bei 65° C garen. Den Grill auf 140° C einstellen und das klein gehackte Holz in die Glut geben. Die Schulter aus dem Beutel nehmen und auf den Grillrost setzen. Den Deckel schließen und bei sinkender Temperatur zwei Stunden räuchern lassen. Herausnehmen, die Schwarte vom Fleisch lösen und warm stellen. Das Fleisch in langen Streifen vom Knochen lösen. 300 g von dem Fleisch mit Saurer Sahne, Senf und Salz marinieren. Mit dem Essig leicht säuern und würzig abschmecken.

Ciabatta: am Vortag für den Vorteig 6 g Hefe in 250 ml lauwarmem Wasser mit dem Zucker zehn Minuten gehen lassen. Das Mehl gründlich unterrühren. Zugedeckt ruhen lassen.

Am nächsten Tag für den Hauptteig 6 g Hefe in dem restlichen lauwarmen Wasser mit dem Salz 10 Minuten gehen lassen. Mit Öl, Brotkrumen und dem Vorteig verrühren. Auf einer bemehlten Fläche 2 bis 3 Minuten kräftig kneten, einölen und abgedeckt 1,5 Stunden bei Zimmertemperatur gehen lassen, bis der Teig sehr luftig und leicht klebrig ist. Dann den Teig in Streifen ausrollen und mit bemehlten Geschirrtüchern bedeckt nochmals 1,5 bis 2 Stunden gehen lassen. Einen Pizzastein im Grill auf 280° C vorheizen. Den Pizzastein mit etwas Weizengrieß bestreuen und die Brotteigstreifen darauflegen, sofort den Deckel schließen und ca. 30 Minuten backen. Auf einem Metallgitter auskühlen lassen. Zum Aufbacken und Aromatisieren das Brot für eine kurze Zeit mit zur Schulter legen. Anschließend das Brot in Scheiben schneiden.

Anrichten: die Schwarte dünn aufschneiden und leicht salzen. Auf die Brotscheiben legen und das gezupfte Fleisch darauflegen. Mit Salat und Radieschen abschließen.

GEZUPFTE LIVAR-SCHWEINESCHULTER,
BROMBEERHOLZ GERÄUCHERT, SAUERRAHM, PFLÜCKSALAT, CIABATTA

Technik und Equipment
Rösle-Kugelgrill • Grillzange • Grillrost • Holzkohle • direkte/indirekte Hitze

Haxen: 2 Livar-Schweinehaxen • 6 g Ducca • 20 ml Ketjap Manis Go Tan • 1 TL Liquid Flavour Universell • 100 ml reduzierte Schweinejus • 100 g Dicke Bohnen • 20 g Butter • 1 Thymianzweig **Schwarzwurzeln:** 500 g Schwarzwurzeln • 4 Lavendelzweige • Salz • 30 g Butter • 40 g Wurzelgemüse, gewürfelt (Lauch, Sellerie und Karotte) • 4 Spitzen Majoranzweige

Haxen: die Schweinehaxen mit Ducca, Ketjap Manis und Liquid Flavour in einen Vakuumbeutel geben und massieren. Soft vakuumieren und bei 65° C im Wasserbad 12 Stunden garen. Aus dem Beutel nehmen (Sud aufbewahren) und auf dem Grill bei 180° C auf der Schwartenseite so lange bräunen, bis die Schwarte knusprig ist. Das Fleisch vom Knochen lösen und in kleine Segmente teilen. Warm stellen und die krosse Schwarte in Streifen schneiden. Den Garsud einmal aufkochen und fein passieren. Schweinejus einmal aufkochen und den Garsud dazugeben. Das Fleisch damit glasieren und in kleine Töpfe füllen.
Die Bohnen in der Butter glasieren und den Thymianzweig dazugeben. Kurz durchschwenken und Thymian wieder entnehmen. Auf das Fleisch geben und die Deckel auflegen.
Schwarzwurzeln: Schwarzwurzeln waschen und bürsten. Dünn schälen und direkt bei 180° C auf den Grill legen. Mit den Lavendelzweigen belegen und 20 Minuten garen, dabei immer wieder wenden. Nach dem Garen in gleich große Stücke schneiden, salzen und in der Butter glasieren. Die Gemüsewürfel dazugeben und durchschwenken. In kleine Töpfe füllen und mit dem Majoran garnieren. Die Deckel auflegen.

Heiko Antoniewicz

LIVAR-SCHWEINEHAXE
MIT SCHWARZWURZELN MIT LAVENDEL, DICKE BOHNEN

Technik und Equipment
Rösle-Kugelgrill • Grillzange • Grillrost • Holzkohle • direkte Hitze

Karree: 500 g Livar-Schweinekarree • 2 Salbeizweige • 2 Rosmarinzweige • Salz • **Apfel und Hagebutte:** 1 Braeburn-Apfel • 30 g Butter • 20 Hagebutten • **Petersilienwurzeln:** 400 g Petersilienwurzeln • Salz • 30 g Butter • 12 Blätter roter Sauerampfer

Karree: von den Zwischenrippen die Knorpel herausschneiden, das Karree bei 80° C auf den Grill legen, mit den Kräutern belegen und Deckel auflegen. Das Fleisch 2 Stunden garen. Die Kerntemperatur soll 58° C erreicht haben. Nach der Garzeit (ohne Wenden) in vier gleich große Stücke schneiden. Leicht salzen.
Apfel und Hagebutte: Apfel achteln und entkernen. Butter in einem Topf aufschäumen lassen und Apfelspalten dazugeben. Einen Deckel auflegen, Hitze reduzieren und so lange garen, bis die Äpfel glasig sind. Von den Hagebutten die Kerne entfernen und das Fruchtfleisch fein schneiden. Zu den Äpfeln geben und weiter garen. Warm stellen und immer wieder mit der Butter übergießen.
Petersilienwurzeln: die Petersilienwurzeln waschen und schälen. Mit Salz und Butter in einen Vakuumbeutel geben und etwas Wasser aufgießen. Vakuumieren und bei 85° C 1 Stunde im Wasserbad garen. Herausnehmen und die Wurzeln aus dem Beutel nehmen. Auf dem Grill bei geschlossenem Deckel bei 200° C von allen Seiten leicht rösten. Leicht salzen.
Anrichten: das Karree mit den Petersilienwurzeln anrichten und die Apfelspalten anlegen. Den Sauerampfer garnieren.

LIVAR-SCHWEINEKARREE
MIT HOFKRÄUTERN, APFEL UND HAGEBUTTE, PETERSILIENWURZELN MIT SAUERAMPFER

Technik und Equipment
Rösle-Kugelgrill • Grillzange • Grillrost • Holzkohle • direkte/indirekte Hitze

Kachelfleisch: 300 g Livar-Kachelfleisch • 200 ml Salzlake (4%) • **Vindaloo-Curry:** 4 getrocknete rote Chilischoten • 10 g Kurkumapulver • 7 g Salz • 4 g schwarze Pfefferkörner • 5 Gewürznelken • 8 g Koriandersamen • 8 g Fenchelsamen • 4 g Bockshornkleesamen • 2 Knoblauchzehen, geschält • 8 g frischer Ingwer, geschält • 40 ml Erdnussöl • 30 g Tomatenpüree • 2 frische rote Chilischoten • 1 Bund Koriander • **Tomaten:** 300 g Kirschtomaten • Vindaloo-Curry • **Salat:** 1 Kopfsalat • 20 ml Olivenöl • 8 mittelgroße Kartoffeln

Kachelfleisch: das Fleisch für 1 Stunde in der Salzlake einlegen. Abtupfen und bei 240° C von beiden Seiten jeweils 1 Minute grillen. Zur Seite stellen und ruhen lassen.
Vindaloo-Curry: die trockenen Gewürze in einer Pfanne rösten, bis die Körner beginnen aufzupoppen. Auskühlen lassen und mit den weiteren Zutaten in einem Mixer fein pürieren. Zur Seite stellen.
Tomaten: Tomaten quer halbieren und mit dem Vindaloo-Curry marinieren. In einen Topf geben und auf dem Grill bei 200° C 20 Minuten garen.
Salat: Kopfsalat im Ganzen 20 Minuten in Wasser einlegen. Abtupfen und mit Olivenöl marinieren. Auf dem Grill bei 200° C 15 Minuten garen und vor dem Anrichten die einzelnen Blätter leicht salzen. Die Kartoffeln mit etwas Wasser vakuumieren und bei 95° C im Wasserbad 1 Stunde garen. Aus dem Beutel nehmen, quer halbieren und auf dem Grill bei 200° C auf der Schnittseite rösten. Leicht salzen.
Anrichten: die Tomaten aus dem Topf direkt auf den Tellern anrichten. Das Fleisch in breite Streifen schneiden. Jeweils 2 Kartoffelhälften anrichten und das Fleisch auflegen. Mit dem gezupften Kopfsalat garnieren.

LIVAR-KACHELFLEISCH,
GESCHLOSSENER KOPFSALAT, TOMATEN MIT VINDALOO-CURRY

VON ALTEN UND NEUEN LIEBEN, VON DER LIEBE ZU ZARTEN PFLANZEN UND RIESIGEN KOHLKÖPFEN UND VON DER LIEBE ZUM BROTBACKEN

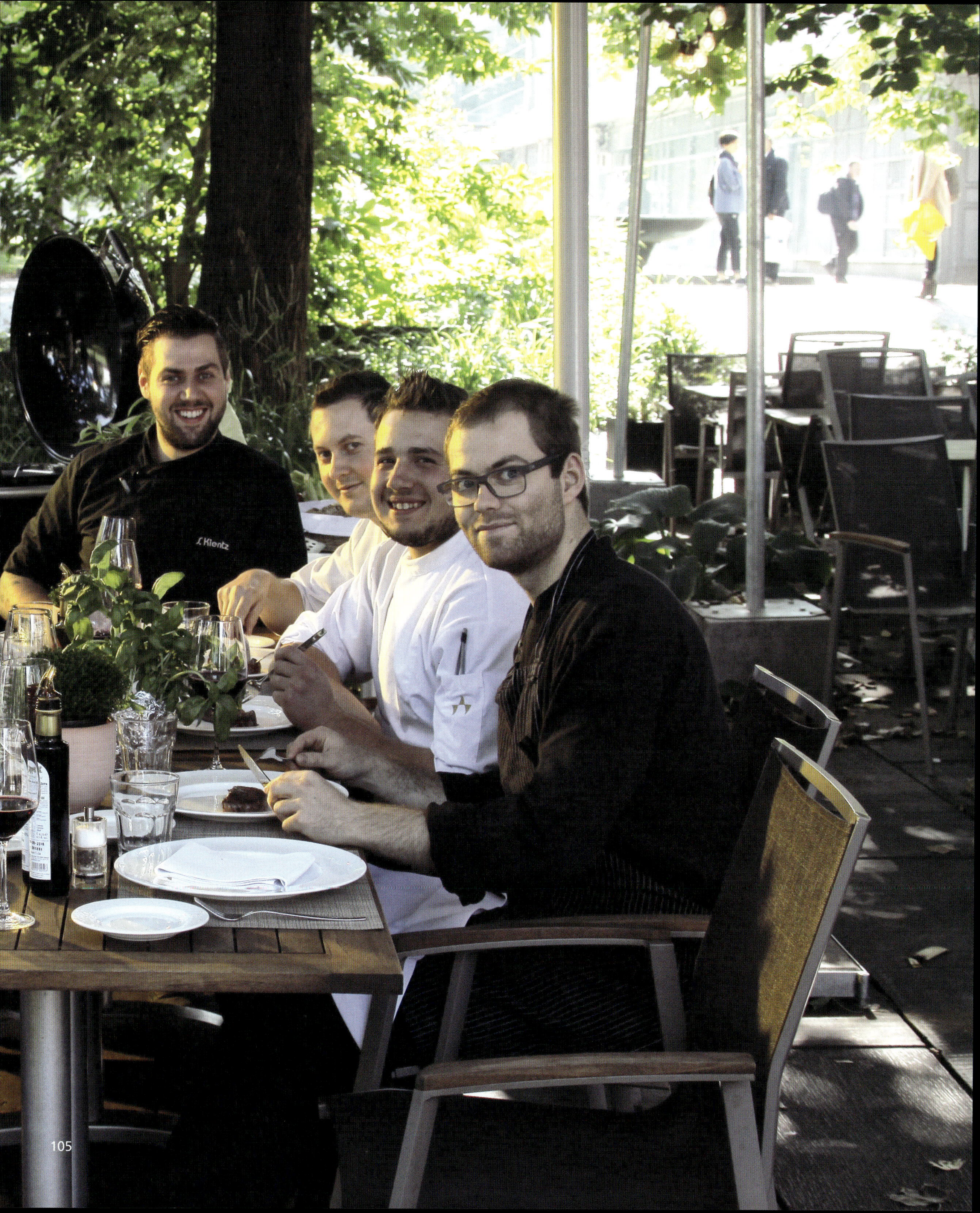

NEUE LIEBE IN DER

Ein guter Küchenchef zeichnet sich nicht nur dadurch aus, dass er die eigenen innovativen Ideen verwirklicht und auf den Tellern glänzen lässt, er gibt sich auch dadurch zu erkennen, dass er auf die Wünsche seiner Gäste angemessen reagiert. Der Kunde ist König – insofern er sich so benimmt und insofern seine Wünsche Sinn machen.

Als das Hotel „Am Schlossgarten" in Stuttgart im Frühjahr 2012 sein gastronomisches Konzept etwas änderte, zog das Gourmetrestaurant von der „Zirbelstube" in das „Schlossgartenrestaurant". Deshalb blieben die Gäste zwar nicht aus, doch die Stimmen, die sich für die besonders behagliche Atmosphäre in der „Zirbelstube" aussprachen, wurden immer lauter. Nach zwei Jahren, in denen die neue Räumlichkeit auf die Probe gestellt wurden, war endgültig klar, dass die Gäste sich nicht nur im „Schlossgartenrestaurant" akklimatisieren mussten, sondern dass ihnen tatsächlich etwas fehlte. Es musste etwas passieren, und der Küchendirektor, der in einem Hotel dieser Größe und Klasse für die gesamte Gastronomie verantwortlich ist, war mehr als einmal nach seiner Meinung gefragt. Unmittelbar von der Entscheidung betroffen, wog Sebastian Prüßmann immer wieder Vor- und Nachteile ab. Er sollte es wissen, denn schließlich ist er seit September 2013 kein Geringerer als dieser Küchendirektor und gleichzeitig bespielt er das besagte Gourmetrestaurant mit seiner Kochkunst. Dafür erhält er aktuell vom Guide Michelin einen Stern.

Als die Hotelleitung diesen Posten besetzte, war er erste Wahl, denn obwohl er noch relativ jung ist, zeigte sein Lebenslauf die nötige Erfahrung, um die vielfältigen Aufgaben unter einen Hut zu bringen. Angefangen hat das alles – wie so oft – in der Küche seiner Mutter, die zeitig den Sinn für frische und hochwertige Produkte schärfte. Die schulinterne AG für Hauswirtschaft machte ihn erst zum Hahn im Korb und sorgte anschließend für die richtige Richtung bei der Zukunftsplanung. Von da an war er sich sicher, dass er Koch werden wollte, und da Sebastian Prüßmann aus Leverkusen stammt und eine Ausbildung bei der Bayer AG ohnehin naheliegend erschien, passte es ganz gut, dass der Konzern Ausbildungen in sechs verschiedenen gastronomischen Berufen anbietet, worunter der Koch natürlich nicht fehlen darf. Denn auch die Angestellten aus der chemischen und pharmazeutischen Industrie wollen in der Mittagspause gut versorgt sein. Der Grundstein war somit gelegt, sollte sich aber in den folgenden Jahren als äußerst ausbaufähig erweisen. Nachdem die drei Lehrjahre vorüber waren, zog es ihn nach München in das Luxus-Hotel „Vier Jahreszeiten", wo ihn der À-la-carte-Bereich zu 100 Prozent in seiner Berufswahl bestätigte. Der große Aufwand, der intensive Einsatz an Arbeitskraft und die hohen Produktqualitäten wirkten auf ihn ungemein faszinierend. So hatte ihn die gehobene Gastronomie für sich gewonnen, und er war sich ganz sicher, dass etwas anderes für ihn erst mal nicht in Frage kommen sollte. Die kulinarische Fährte aufgenommen, folgten in den nächsten Jahren Anstellungen bei vielen ausgezeichneten Köchen, was 2007 bei Dieter Müller und Nils Henkel im „Schlosshotel Lerbach" seinen Höhepunkt erreichte. Mittlerweile hat sich aus dieser prägenden Erfahrung sein eigener Stil entwickelt, doch er sieht ganz klar, dass er den beiden Meisterköchen mehr zu verdanken hat als die Kunst des Kochens. Dort wurden neben den nötigen Fähigkeiten auch Werte vermittelt, die wiederum den Kochstil prägen können. Der Umgang mit Druck und Verantwortung innerhalb der Mannschaft entscheidet maßgeblich über die Arbeit, die sich letztendlich dem Gast präsentiert. Was Sebastian Prüßmann ganz sicher aus Bergisch Gladbach mitgenommen hat, ist das Bewusstsein für den Spaß an seiner Arbeit. Gerade, wenn der Stresspegel steigt. Dazu gehört unbedingt ein Umgang, der auch untereinander von Ruhe und Freundlichkeit geprägt ist. Innovation und guter Geschmack müssen aber dennoch überzeugen, wenn das Restaurant in der oberen Liga mitspielen will.

Heute setzt Sebastian Prüßmann in der „Zirbelstube" auf ein Konzept, das auf seinem persönlichen Stil aufbaut. Alle potenziellen Restaurantbesucher erreicht er damit nicht, aber das ist auch nicht sein Anspruch. Das gesetzte Ziel ist es, eine sichere Stammkundschaft aufzubauen. Alte Fans sind selbstverständlich herzlich willkommen und können sich von Neuerungen und gleichbleibender Spitzenqualität überzeugen, erfahrene Gourmets, die das Restaurant noch nicht kennen, finden gute Gründe, auch einmal in Stuttgart vorbeizuschauen, und absolute Neulinge in der gehobenen Gastronomie verlieren ihre unangebrachte Zurückhaltung. Diese Vielfältigkeit unterstützt eine gut durchdachte Auswahl von drei unterschiedlichen Menüs.

ALTEN ZIRBELSTUBE

MITTEN IM FILDERKRAUT

Der Koch setzt auf Altes, auf Neues und auf Alternatives. Auf der Speisekarte der „Zirbelstube" deuten schon die Menüüberschriften darauf hin. Die Alte.Liebe bestätigt altbewährte Produkte, die sich vor langer Zeit zu den absoluten Lieblingen der Sternegastronomie entwickelten, und bis heute hinterlässt alleine der Klang ihres Namens einen Hauch von Luxus. Kombinationen oder Zubereitungsmethoden stehen somit weitestgehend fest. Eine Foie gras wird mit Brioche und einem edelsüßen Weißwein serviert. Daran gibt es innerhalb der Alte.Liebe wenig zu rütteln, doch Sebastian Prüßmann versteht es, den Klassikern seine Handschrift zu verleihen, und zwar unmissverständlich. Das haben sie mit den Menüs gemeinsam, die unter dem Titel Neue.Liebe auf der Speisekarte erscheinen. Darüber hinaus zeichnen sich diese aber im genauen Gegenteil aus, und der neugierige Gast kann sich auf außergewöhnliche Produkte in ungewöhnlichen Kombinationen einstellen. Erlaubt ist, was den Geschmack herausfordert und überrascht, ohne dabei zu verwirren. Unerwartete Zutaten oder Kombinationen schmecken und sorgen für das nötige Kribbeln im Bauch, so wie es sich für eine neue Liebe gehört. Bei diesem abwechslungsreichen Angebot fällt auf, dass es an einigen Ecken und Enden kompliziert wird, voll und ganz auf Regionalität zu setzen. Besonders bei der Alte.Liebe dürfte sich das schwierig gestalten. Deshalb greift der Koch gerne auf Regionales zurück, aber auch auf das Angebot aus anderen Teilen der Welt. Natürlich nicht, ohne sich von der besten Qualität aller Produkte zu überzeugen. Abwechslung und Kreativität werden dabei ganz groß geschrieben. Dazu zählt aber auch, den Wareneinsatz genau zu überdenken, denn gerade er als Koch und Küchendirektor weiß, wie wichtig es ist, niemals die wirtschaftlichen Aspekte aus den Augen zu verlieren. Nicht auf Kosten der besten Qualität, aber die findet sich eben nicht nur bei den feinsten Delikatessenhändlern zu schwindelerregenden Preisen, sondern auch auf einem Feld gleich um die Ecke oder auf der nicht weit entfernten Schwäbischen Alb. Diese Überlegung führt uns zu Menü Nummer drei. Es steht den beiden ersten Lieben in nichts nach und beweist, dass, selbst wenn das beste Fleisch und der beste Fisch in Aussicht stehen, die Gemüse.Liebe sehr glücklich machen kann. Es zeigt aber auch, dass sich heutzutage viele Gäste mit den absoluten Luxusprodukten besser auskennen als mit heimischem Gemüse. Filderkraut, ganz gewöhnlicher Spitzkohl, kann auf manch einen schon fast exotisch wirken, auch weil sich der Gast die Zubereitung auf der Ebene einer Sterneküche nicht vorstellen kann. Sebastian Prüßmann könnte dann noch einen Schritt weitergehen und Gemüse präsentieren, das auf die natürlichste Art und Weise zubereitet ist, die man sich vorstellen kann – gegrillt. Das Thema steckt in den Restaurantküchen sicherlich erst in den Kinderschuhen, obwohl es kaum jemanden gibt, dem der rauchige Geschmack von Grillgut nicht zusagt. Es bleibt also vorerst abzuwarten, wie sich der Grill in der „Zirbelstube" etabliert. Privat freut sich der Spitzenkoch natürlich wie jeder andere auch auf einen freien Sonntag, an dem er der eigenen Grillleidenschaft nachgehen kann. Diese Passion führt manchmal auch dazu, dass sich das Mittagessen der gesamten Küchenmannschaft an den Grill verlagert. Gutes Fleisch, frischer Fisch und buntes Gemüse aus der Region brauchen keine aufwendigen Zubereitungsmethoden, selbst wenn sie bei Sebastian Prüßmann, dem Sternekoch aus der „Zirbelstube", auf dem Grill landen.

Frisch ans Werk auf dem Keltenhof

Südlich von Stuttgart erhebt sich 200 Meter über dem Talkessel der Stadt eine fruchtbare Ebene, die Filder. Die Verwandtschaft zum heute gebräuchlichen Wort Feld (Felder) ist nicht von der Hand zu weisen. In Anbetracht dessen wundert es nicht, dass die dortigen Felder zu den fruchtbarsten Böden Deutschlands gehören und die Lössböden das große Kapital der hiesigen Bauern sind. Mitten in dieser Gegend, nahe Filderstadt-Bernhausen, liegt der Keltenhof von Gerhard Daumüller. Er ist in einem der typischen bäuerlichen Betriebe der Filder aufgewachsen, die es dort schon seit Jahrhunderten gibt. Diese Höfe bauten Gemüse und Salate nicht nur traditionell an, sie verarbeiteten sie auch weiter und vermarkteten sie selbst. Im 19. Jahrhundert, als die nahe Stadt Stuttgart immer größer wurde und sich hier und dort weitere Ortschaften bildeten, wurden die Bauern der Filderebene immer mehr zu den Gemüsegärtnern der gesamten Region. Mit Fuhrwerken brachten sie ihre Waren in die Städte und Ortschaften, wo sie mit einem überschaubaren Gewinn verkauft wurden. Das Hauptgeschäft machte damals das Filderkraut aus, eine regional typische Sorte des Kohls, die sich durch eine besonders feste Struktur auszeichnet. Obwohl das Kraut bereits 1772 erste urkundliche Erwähnung fand, ließ sich bis heute nicht genau bestimmen, ob es sich um eine Züchtung oder um eine spontane Mutation

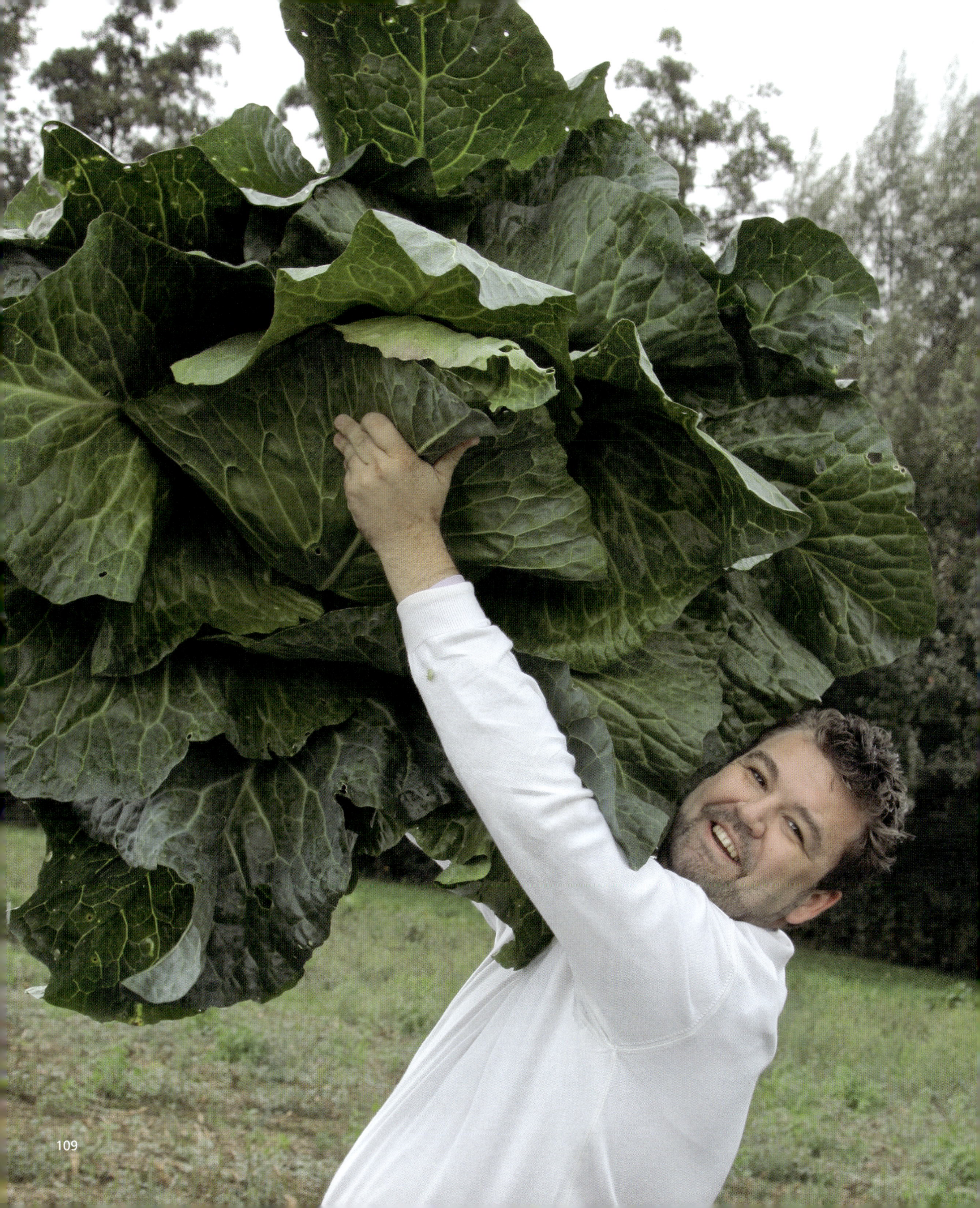

DER KELTENHOF

handelt. Fest steht aber, dass es eine geschmackvolle Varietät des weißen Kohlkopfs ist, die doch recht auffällige Spitzform kann nicht darüber hinwegtäuschen. Im Vergleich zum weißen Kohl, der sich aufgrund seiner runden Form besser industriell verarbeiten lässt und deshalb das Filderkraut mit der Zeit von den Feldern verdrängte, sind die spitzen Blätter viel zarter und milder im Geschmack. Das wussten die Leute früher noch zu schätzen, und von den Wochenmärkten der Region war das Filderkraut nicht wegzudenken. Als der Fortschritt auch die Höfe in der Filder erreicht hatte, brachten die Gemüsebauern den Kohl mit Lastwagen auf die Märkte. Es ist noch gar nicht so lange her, dass auch Gerhard Daumüller dort sein Filderkraut verkaufte, so wie es vor ihm sein Vater und vor diesem sein Großvater tat. Folglich basiert der Gemüseanbau innerhalb der Familie Daumüller auf einer langen Tradition. Bis heute werden einige Felder bewirtschaftet, auf denen der spitze und recht ausladende Kohl wächst, doch es reicht ein Blick, um zu erkennen, dass es sich nicht mehr um einen gewöhnlichen Gemüse produzierenden Betrieb handelt. In den letzten Jahren hat sich eben sehr viel auf dem Keltenhof verändert. Als ihm sein Vater 1996 das Land überließ, konzentrierte Gerhard Daumüller die Produktion vorerst auf klassische Salate. Das war nicht schlecht, doch schon lange nicht mehr neu. Auf der Suche nach Innovation stieß er auf eine Mischung sehr junger Salate, mit denen man in England und Frankreich experimentierte. Nach ein paar Proben und Versuchen brachte der Keltenhof schließlich die Mischung „Baby Leaf" auf den Markt. Neu daran war nicht nur die geringe Größe der Blättchen, sondern auch, dass bestimmtes Blattgemüse, zum Beispiel Spinat oder Pak Choi, Senfarten und Wiesenkräuter wie Löwenzahn oder Ampfer beigemischt wurden. Die Mischungen sprachen nicht nur optisch an, sie erstaunten außerdem durch eine enorme Würze und Aromenvielfalt. Das begeisterte vor allen Dingen die Köche der deutschen Haute Cuisine und schon bald waren die zarten Pflänzchen vom Keltenhof aus vielen Küchen der gehobenen Gastronomie nicht mehr wegzudenken. Was mit den zarten Salätchen anfing, hat sich heute zu einem reichhaltigen Sortiment entwickelt. Neben den Baby Leafs gibt es mittlerweile Micro Leafs, Wald- und Wiesenkräuter, Raritäten wie Oxalis, Wasabi-Rauke oder Wasserkresse und, nicht zu vergessen, die essbaren Blüten, die Gerichten von außen und innen schmeicheln. Diese Vielfalt ist neben der guten Idee auch der ganzheitlichen Umsetzung zu verdanken. Dafür setzt Gerhard Daumüller zusammen mit seinen Mitarbeitern voll auf Freilandanbau. Das ist natürlich nur bis zu einer gewissen Temperatur möglich, weshalb die Produktion im Winter nach Portugal und Spanien verlegt wird. Trotzdem gibt es einige verletzliche Gewächse, die besser nicht an der frischen Luft gezogen werden. Zu groß ist die Gefahr, dass ihnen die Witterung schadet. Deshalb wachsen besonders empfindliche Produkte im Gewächshaus heran. Das gläserne Gebäude, das die feine Kost birgt, ist kleiner als vermutet, was darauf schließen lässt, dass hier keine Massenproduktion stattfindet. Eher traditionelle Gärtnerarbeit, die mit viel Feingefühl essbare Blüten und zarte Kräuter pflegt. Bei der rücksichtvollen Aufzucht ist es nur logisch, dass auch die Ernte sehr vorsichtig erfolgt, um die Pflänzchen nicht zu beschädigen. Es versteht sich wohl auch von selbst, dass keine chemische Behandlung gegen Schädlinge und Krankheiten vorgenommen wird. Florfliegen nehmen den harten Kampf gegen Blattläuse und Milben alleine auf und gewinnen ihn sogar in aller Regel. Auch im Freiland setzt der Keltenhof auf Natürlichkeit. Gegebenenfalls werden Netze über die Felder gespannt, wenn ein Angriff von Schädlingen zu befürchten ist. Das hat oft schon einen ausreichenden Effekt. Um den Wuchs der Pflanzen zu unterstützen, werden ausschließlich mineralische Dünger verwendet. Von organischen Düngern sieht man lieber ab, denn es besteht das Risiko, dass so Bakterien und Pilze in die Ernte eingetragen werden. Gewässert werden die Felder mit Trinkwasser, und um wirklich jedes Risiko auszuschließen, wird einmal im Monat ein mikrobiologisches Monitoring durchgeführt. Alle internen Abläufe sind IFS- und HACCP-zertifiziert, und zudem verfügt der Keltenhof über das landwirtschaftliche Qualitätszeichen Baden Württembergs sowie das Qualitätszertifikat für den nationalen und internationalen Warenverkehr. Das klingt alles ziemlich technisch und kompliziert, doch eigentlich funktioniert der Hof nach ganz einfachen Maximen. Im Prinzip stützt sich das Konzept des Keltenhofs auf drei einfache Grundregeln, die in Kombination miteinander das Geheimnis ausmachen. Nur wenn Produkte in Premiumqualität absolut frisch verkauft werden, kommt ihr voller Wert zur Geltung, und nur wenn sie nachhaltig produziert werden, lässt sich diese gute Qualität über eine lange Zeit halten. Es ist also gar nicht genau zu sagen, ob die unbedingte Frische, die vorausgesetzte Produktqualität oder die

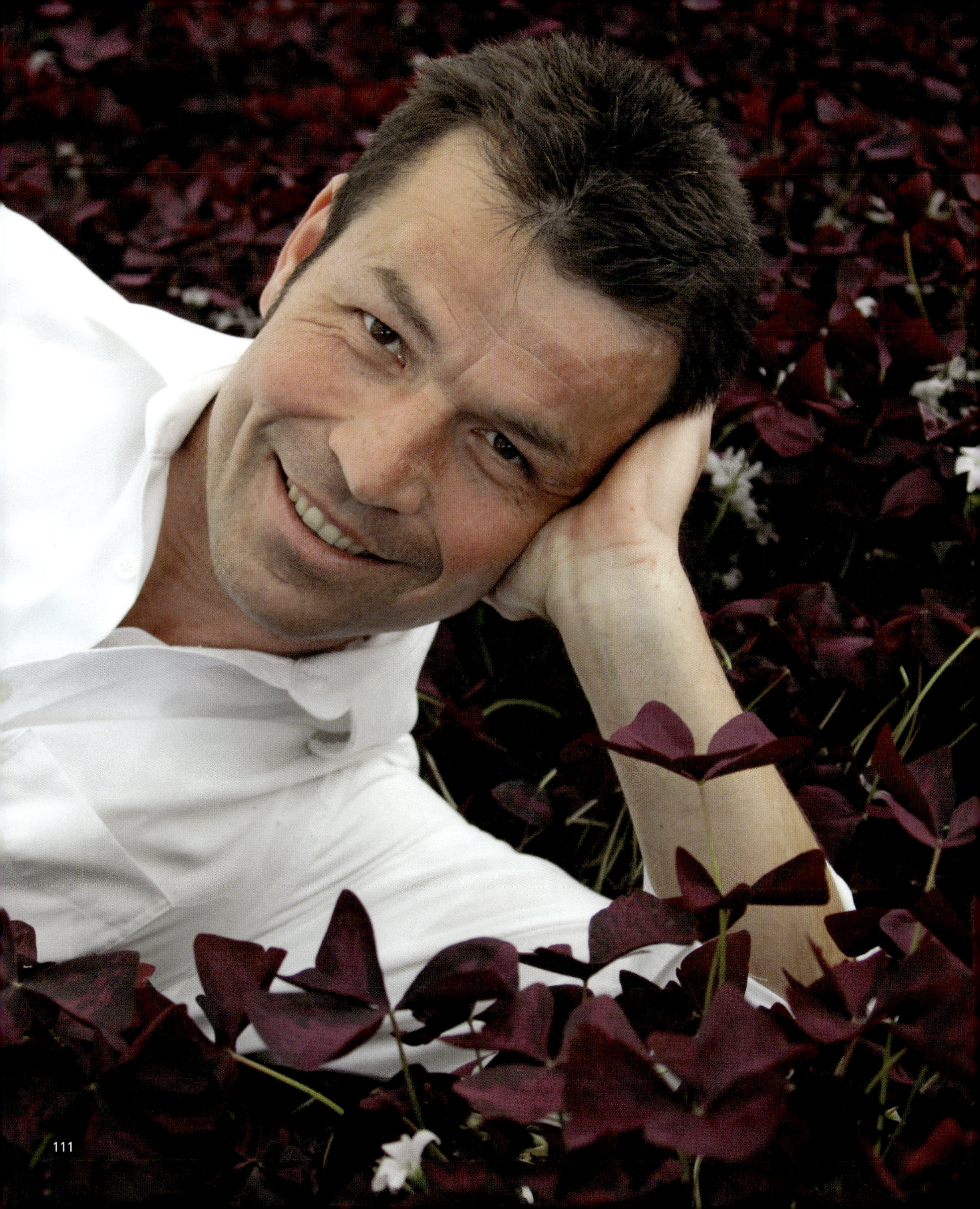

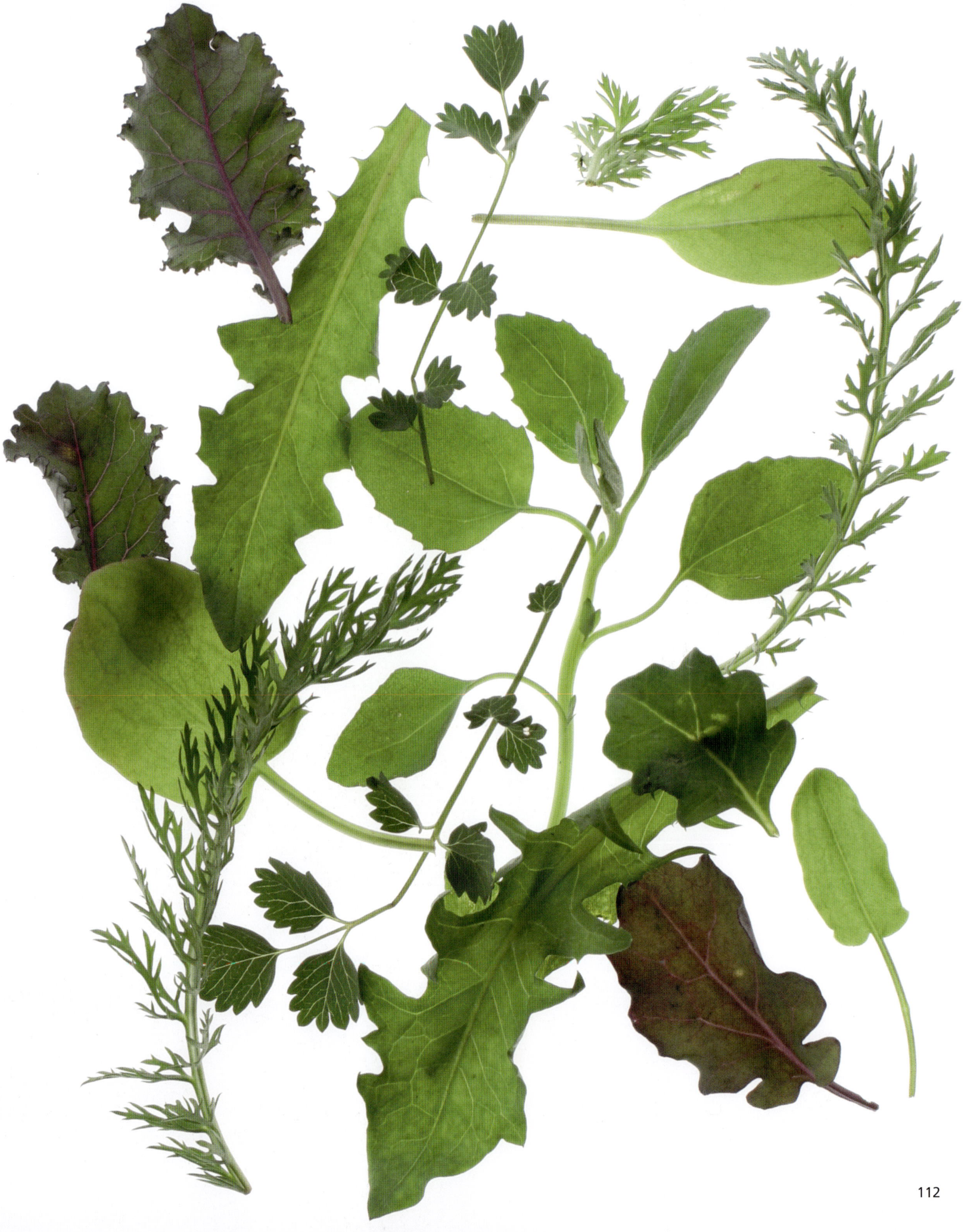

durchdachte Nachhaltigkeit am wichtigsten ist. Die Verbindung macht den Unterschied.

Nachdem Blüten, Blätter, Gemüse, Kräuter und Salate in ihrem perfekten Reifezustand geerntet worden sind, werden sie gegebenenfalls auf dem Hof selbst verarbeitet und gehen im Anschluss auf dem direkten Weg an den Kunden. Gerhard Daumüller weiß, dass strenge und auch unabhängige Kontrollen notwendig sind, um die beste Qualität zu sichern. Dafür ist der Keltenhof mittlerweile weithin wohlbekannt. Das dritte Prinzip Nachhaltigkeit findet sich im Anbau und bei der Nutzung der Ressourcen wieder. Auf den Feldern werden ganz bestimmte Fruchtfolgen eingehalten, sodass der Boden nicht auslaugt. Um dies zu bewerkstelligen, werden die Felder einfach mit Partnerbetrieben getauscht, was keine Brachflächen verursacht und eine intensive Düngung von vorneherein ausschließt. Weiter sind alle Mitarbeiter dazu angehalten, auf ein ökologisches Energiemanagement zu achten. Genauso wie der frische Hochgenuss soll ein gewissenhafter Umgang mit der Umwelt die Philosophie des Keltenhofs abrunden.

Ein Bäcker von Schrot und Korn
Neben einer stattlichen Anzahl an Großbäckereien, die ihre Filialen über das ganze Land verteilen, gibt es nur noch wenige Bäcker, die ihr Handwerk aus einer Backstube heraus betreiben und auf industriell vorgefertigte Hilfen verzichten. Die kleinen Betriebe, die noch ganz ursprünglich arbeiten, wirken ewig gestrig und ihre Verkaufsstrategien gelinde gesagt etwas überholt, auch wenn bei ihnen das Erzeugnis qualitativ noch stimmt. Andersherum wirkt sich die perfekte Abstimmung von Marketing, Expansion und Kosteneinsparung anscheinend negativ auf die Produktqualität aus. Den Spagat zwischen einem hochwertigen Produkt und dem modernen Vertrieb vollbringen im Bäckerhandwerk nur wenige.

Mitten auf der Schwäbischen Alb, in der Gemeinde Römerstein, befindet sich ein Bäcker, der diese gegensätzlichen Positionen offenbar zu überbrücken weiß. Der Anspruch war von Anfang an sehr hoch, als der Meister Valentin Beck 1962 seinen Lehrbetrieb übernahm und unter Eigenregie kleine und große Brötchen buk. Er legte es darauf an, nicht nur Brote zu verkaufen, die schmecken, sondern seinen Kunden auch die Verwendung bester Inhaltsstoffe garantieren zu können. Mittlerweile hat sein Sohn Heiner den Betrieb übernommen, der keinen Zentimeter von den Grundgedanken des Vaters abweicht, gleichzeitig die Bäckerei aber als Marke bekannt macht und regionale Beziehungen fördert.

An erster Stelle steht immer noch der Geschmack der Beck'schen Brote, Brötchen, Teilchen, Kuchen und Torten. Hier geht es schließlich nicht um die Einnahme einer bitteren Medizin, hier geht es um den Genuss von Backwaren, die für viele Menschen einen wichtigen Teil ihrer Ernährung bedeuten. Wo sollte ein Bäcker also ansetzen, wenn er mit seiner Ware hervorstechen will? Natürlich bei den Zutaten. Nun könnte er sich auf der ganzen Welt nach dem besten Mehl und vielleicht auch nach dem besten Wasser umsehen und sich unter vielen vorhandenen Rohstoffen entscheiden, doch Heiner Beck geht weitaus gründlicher vor. Er versteht sein Projekt als Ganzes, das lange vor den Arbeitsschritten in seiner Backstube beginnt. So wundert es nicht, dass er alles daransetzt, die Hauptzutat Getreide in der bestmöglichen Art und Weise zu erhalten. Dabei geht es ihm um Natürlichkeit, um Handwerk und um seine Region, die glücklicherweise beste Voraussetzungen für die Getreideproduktion bietet. Von gezüchteten Hochleistungskörnern möchte er nichts wissen, und der Gedanke, dass sich die weltweite Anbaufläche der Getreideproduktion seit Jahrzehnten nicht verändert hat, der Ertrag sich aber in den letzten 50 Jahren mal eben verdoppelt jagt ihm einen kalten Schauer über den Rücken. Was ist bei den ganzen Genmanipulationen von den guten Inhaltsstoffen und einem vollen Geschmack noch übrig geblieben? Dieses aromatische Risiko möchte er für seine Backwaren partout nicht eingehen. Seine Methode ist vielleicht etwas ungewöhnlich, hat sich aber zum riesigen Erfolg entwickelt, und mittlerweile produzieren 38 Vertragslandwirte biologisch zertifiziertes Getreide für Heiner Beck. Wichtig ist, dass sie das auf der Schwäbischen Alb tun. Vier weitere befinden sich im Schwäbischen Oberland und somit immer noch in der unmittelbaren Nähe. Gemeinsam kultivieren und vermarkten sie alte Getreidesorten oder solche, die aus den alten Sorten gezüchtet wurden, doch ohne sie genetisch zu manipulieren. So verfügt die Bäckerei Beck gewissermaßen über Urkörner aus der Region – bessere Bedingungen könnte sich der Bäcker nicht vorstellen.

Diese Partnerschaften mit den heimischen Bauern deuten schon darauf hin, dass es sich hier nicht mehr um einen kleinen Betrieb handelt, in dem ein Meister und ein Lehrling die Nachbarschaft mit Frühstück ver-

DREI KÖRNER VON DER ALB

sorgen. Insgesamt beschäftigt Heiner Beck fast 200 Mitarbeiter. Die meisten von ihnen arbeiten in der großen Backstube in Römerstein, die 15 weitere Standorte mit der heißen Ofenware versorgt. Darunter befinden sich auch Cafés, die zum Verweilen und zu süßen Leckereien einladen. Das Angebot ist vielfältig, doch für alles wird nur Alb-Dinkel, Alb-Roggen und Alb-Weizen verwendet. Getreidesorten, wie beispielsweise Kamut oder Einkorn, kategorisiert Heiner Beck als Modeerscheinungen in der Getreideszene, die immer mal wieder aufkeimen. Langfristig wäre man aber weit davon entfernt, dass die drei Traditionssorten die Felder räumen müssten, meint der Bäcker. Besonders nicht, wenn es sich um so hochwertige handelt, wie sie auf der Schwäbischen Alb angebaut werden. Das passiert nicht blind, sondern es werden Vorlieben und Abneigungen ganz genau beachtet. Dinkel wächst zum Beispiel besonders gut auf den Hochflächen der Römersteiner Alb und der Münsinger Alb, wogegen Weizen und Roggen dort besser wachsen, wo das Gebirge etwas abflacht. Ist der Standort also passend gewählt, wird das reife Getreide geerntet und in einer der zwei Vertragsmühlen von Becka-Beck nach genauen Vorgaben vermahlen.

Der Alb-Dinkel nimmt auf der Schwäbischen Alb sicherlich eine Sonderstellung ein. Er war dort früher das wichtigste Getreide, weshalb er auch Schwabenkorn genannt wird. Das Urkorn ist sehr resistent gegen Krankheiten und Schädlinge und perfekt an das raue Klima auf der Alb angepasst. Dinkel ist außerdem sehr bekömmlich und schmeckt leicht nussig, was natürlich allen Backwaren, aber auch Teigwaren zugutekommt.

Der Roggen, den Heiner Beck verarbeitet, ist außergewöhnlich. Der sogenannte Alb-Roggen ist ein Lichtkornroggen, der bis etwa 1850 in ganz Mitteleuropa angebaut wurde. Im Gegensatz zu den hochgezüchteten Sorten, deren Ähren sich grünblau verfärben, ist diese alte Roggensorte ganz hell. Die Stiele sind besonders fest, wurden früher auch zum Hausbau verwendet und wachsen auf den Äckern ganze zwei Meter hoch. Ab 2015 verwendet der Alb-Bäcker ausschließlich diese alte Roggensorte, die ebenfalls speziell für ihn angebaut wird. Das Roggenbrot aus seiner Backstube hat eine ganz besondere süße Note. Die ist kein Geheimnis und basiert auf einem ganz natürlichen Zusatz. Wird Roggenmehl drei Stunden bei 65 Grad in Wasser eingekocht wandelt sich die Stärke in Malz um und es entsteht eine klebrige braune Masse, die Aromastück genannt wird. Ein Klecks von diesem Klumpen macht nach Aussage von Heiner Beck Brotwelten aus.

Auch der Alb-Weizen ist etwas ganz Besonderes. Die Sorten Hermes und Karneol sind Züchtungen aus alten Weizensorten. Derzeit verarbeitet die Bäckerei 80 Tonnen dieser Weizensorten im Jahr. Tendenz steigend. Die harten Anbaubedingungen auf der Schwäbischen Alb waren natürlich ein beachtenswerter Punkt bei der Samen-Suche, genauso wie der einmalig gute Geschmack der Sorten, der süßlich, nussig und herb etwas an das Aroma von Dinkel erinnert. Heiner Beck setzt das Loblied auf seinen Weizen fort und beschreibt, wie der Grannenweizen einen Überschuss an freien Radikalen im Körper neutralisieren kann. Außerdem schützen sich die Ähren mit ihren ungewöhnlich spitzen und etwas seitlich angeordneten Grannen vor hinterhältigen Wildschweinangriffen. Die luftige Anordnung der Samen sorgt zudem dafür, dass der Weizen im Wind gut abtrocknet, sodass weder Pilze noch Fäulnis entstehen können. Hermes zeichnet sich insbesondere dadurch aus, dass seine Körner glasig und stark kleberhaltig sind, was für seine hervorragende Backqualität spricht.

Sind die unterschiedlichen Getreide gemahlen in Römerstein angekommen, verfahren die gut ausgebildeten Bäcker in der Backstube nach unterschiedlichen Ansätzen. Je nachdem, was gebacken wird, gibt es Rezepte für sieben verschiedene Vorteige, die mal fest, mal weich auf ihre Weiterverarbeitung warten. Daneben gibt es sechs verschiedene Sauerteige. Etwa 20 unterschiedliche Brotsorten stehen der Kundschaft zur Verfügung. Daneben gibt es viele verschiedene Weckle und süße Stückchen. Das Angebot variiert etwas mit den Jahreszeiten, so wie es sich für einen Produzenten gehört, der mit Herz und Verstand arbeitet. Kürbisbrot gibt es also erst, wenn der Kürbis Saison hat, und nicht das ganze Jahr über, genauso wie es im Winter keine Erdbeerschnittchen bei BeckaBeck zu kaufen gibt. Weder aus Alb-Dinkel noch aus Alb-Roggen noch aus Alb-Weizen gebacken.

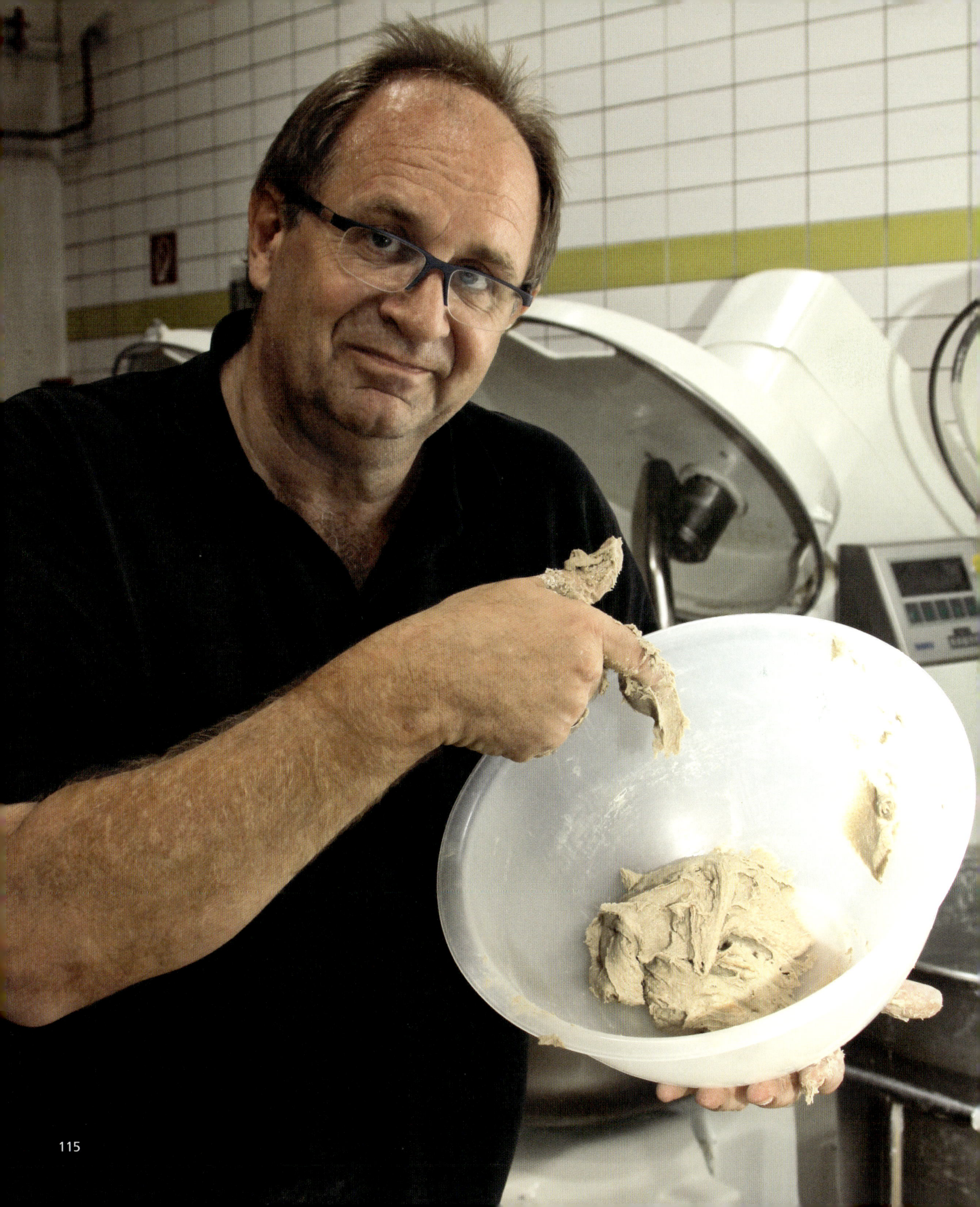

Technik und Equipment
Rösle-Kugelgrill • Pizzastein • Grillrost • Barbecue-Grillzange • Holzkohle • indirekte Hitze

Rezept für 4 Personen
250 g Schwäbische-Alb-Roggenmehl • 350 g Schwäbische-Alb-Dinkelmehl • 15 g Salz • 50 g Joghurt • 350 g kaltes Wasser • 10 g Hefe • 3 rote Zwiebeln, geschält • 400 g Cambertischinken (Metzgerei Glasstetter) • 1 Schale Wildkräutersalat (Keltenhof) • 500 g Hüttenkäse • 1/4 Bund Koriander • 1/4 Bund Blattpetersilie • 1/4 Bund Kerbel • 2 Minzzweige • 2 Estragonzweige • Olivenöl • Salz • Pfeffer aus der Mühle • Zucker • Limette

Roggenmehl, Dinkelmehl, Hefe, Salz, Joghurt und das Wasser zu einem Teig verkneten. Den Teig abgedeckt 1 Stunde gehen lassen. Dann über Nacht in den Kühlschrank stellen und gehen lassen. Die roten Zwiebeln in feine Scheiben schneiden. Den Cambertischinken hauchdünn schneiden. Koriander, Petersilie, Kerbel, Minze, Estragon und Olivenöl im Mixer (z. B. Thermomix) fein mixen. Die Kräuterpaste mit dem Hüttenkäse verrühren und mit Salz, Pfeffer und Limettenabrieb und -saft abschmecken. Den Teig zusammenkneten und kleine runde Fladen ausstechen. Den Pizzastein auf dem Grill heiß werden lassen. Die kleinen Fladen bei geschlossenem Deckel grillen. Wenn die Fladen fertig sind, vom Grill nehmen und mit dem Kräuterhüttenkäse bestreichen. Dann die Zwiebelringe und den Cambertischinken auf die Fladen legen und mit dem Wildkräutersalat vollenden.

GEGRILLTER ROGGEN-DINKEL-FLADEN
MIT ROTEN ZWIEBELN, CAMBERTISCHINKEN, WILDKRÄUTERSALAT UND KRÄUTERHÜTTENKÄSE

Technik und Equipment
Rösle-Kugelgrill • Wende-Grillplatte • Grillrost • Barbecue-Wender • Grillhandschuh • Holzkohle • indirekte Hitze

Rezept für 4 Personen
250 g Kartoffeln, mehlig, geschält • 8 große Spitzkohlblätter • 80 g Schalotten • 25 g Mehl • 1/2 Bund Schnittlauch • 1 Ei • Salz • Pfeffer aus der Mühle • Muskatnuss • **Papayasenf:** 250 g Senfkörner, grob gemahlen (zum Beispiel im Thermomix) • 40 ml Wasser • 40 ml Essig, weiß • 8 g Zucker • 15 ml Traubenkernöl • 50 g Crème fraîche • 400 g pürierte Papaya • Salz

Die Kartoffeln auf einer Reibe grob reiben. Den Spitzkohl in feine Streifen schneiden und kurz in einer heißen Pfanne anbraten. Den gebratenen Spitzkohl mit den geriebenen Kartoffeln, Mehl, Ei, Schalotten und Schnittlauch mischen. Die fertige Masse mit Salz, Pfeffer und Muskat abschmecken. Dann aus der Masse runde Kartoffeltaler formen und kalt stellen, bis sie gegrillt werden.
Papayasenf: alle Zutaten verrühren und 48 Stunden im Kühlschrank durchziehen lassen. Danach mit Salz abschmecken.

KARTOFFEL-FILDERKRAUT-PFLANZERL
MIT PAPAYASENF

Technik und Equipment
Rösle-Kugelgrill • Grillrost • Grillzange • Grillhandschuh • Holzkohle • direkte Hitze

Rezept für 4 Personen
4 kleine Romanasalatherzen • 200 g Parmesan • 15 Radieschen, ohne Grün • 100 g Schalotten, geschält • 500 g Kirschtomaten • 1 Bund Schnittlauch • 1/2 Bund Basilikum • 200 ml Olivenöl • 150 ml dunkler Balsamicoessig • 50 ml Gemüsebrühe • Salz • Pfeffer aus der Mühle • Zucker

Die Romanasalatherzen längs in der Mitte halbieren. Den Parmesan in feine Scheiben schneiden und in die Zwischenräume der Romanasalatherzen stecken. Aus dem Essig, Olivenöl und der Gemüsebrühe eine Vinaigrette herstellen und mit Salz, Pfeffer und Zucker abschmecken. Die Radieschen und die Schalotten in feine Würfel schneiden und zu der Vinaigrette geben. Die Kirschtomaten vierteln und ebenfalls hinzufügen. Zum Schluss noch den Basilikum und den Schnittlauch fein schneiden und unterrühren. Die mit Parmesan bestückten Romanasalatherzen mit der Schnittkante nach unten auf den Grill legen. Nur kurz angrillen, bis der Käse geschmolzen ist, danach auf dem Teller anrichten und mit der Vinaigrette übergießen.

GEGRILLTE ROMANASALATHERZEN
MIT PARMESAN, SCHALOTTEN UND KIRSCHTOMATEN

Technik und Equipment
Rösle-Kugelgrill • Grillrost • Barbecue-Grillzange • Grillhandschuh • Holzkohle • direkte Hitze

Rezept für 4 Personen
4 Spitzkohlblätter, grün • 50 g Schalotten • 1 Knoblauchzehe • 200 g Spitzkohlblätter, ohne Strunk, fein geschnitten • 90 g Perlgraupen, gekocht • 1 Ei • 70 g Kartoffel, mehlig, geschält • 1/4 Bund Blattpetersilie • 12 Zahnstocher, in Wasser eingelegt • Salz • Pfeffer aus der Mühle • Muskatnuss

Die grünen Spitzkohlblätter längs halbieren, dabei den Strunk entfernen, und in kochendem Salzwasser bissfest blanchieren. Dann in Eiswasser abschrecken und mit Küchenkrepp trocknen. Die Schalotten und den Knoblauch fein würfeln und in einer Pfann anschwitzen, den fein geschnittenen Spitzkohl zufügen und leicht bissfest dünsten. Die Graupen und das Ei unterheben, die Kartoffel mit einer Microplanereibe sehr fein reiben und die gehackte Petersilie unterheben. Die Masse mit Salz, Pfeffer und Muskat abschmecken. Die blanchierten Spitzkohlblätter auslegen, jeweils etwas von der Graupenfüllung daraufgeben, zu Rouladen rollen und mit den Zahnstochern fixieren. Auf den Grill legen, bis der Kohl Farbe bekommt.

FILDERKRAUT-ROULADEN MIT GRAUPEN UND PETERSILIE

Technik und Equipment
Rösle-Kugelgrill • Grätenzange • Barbecue-Fischheber • Aroma-Planke aus Zedernholz • Grillrost • Grillhandschuh • Holzkohle • indirekte Hitze

Rezept für 4 Personen
2 Bachsaiblinge aus dem Schwarzwald • **Avocadocreme:** 10 g Avocado • Olivenöl • 1 Limette • Salz • Pfeffer aus der Mühle • Zucker • Cayennepfeffer • **Sweet-Chili-Sauce:** 200 ml Mitzukan Reisessig • 200 ml Mirin • 1 l Wasser • 1 kg Zucker • 1 Granny-Smith-Apfel • 2 milde Peperoni • 125 g grüner Oxalis

Die Bachsaiblinge filetieren, Gräten ziehen und die Fische kalt stellen.
Avocadocreme: die Avocado schälen und den Kern entfernen (nicht wegwerfen). Aus dem Avocadofleisch, Olivenöl, Limettenabrieb und -saft mit der Gabel eine grobe Masse herstellen. Mit Salz, Pfeffer, Zucker und Cayennepfeffer abschmecken.

Sweet-Chilli-Sauce: Mirin, Reisessig, Wasser und Zucker aufkochen und auf die Hälfte reduzieren. Dann den Apfel und die Peperoni fein würfeln und zu der Flüssigkeit geben. Alles einmal aufkochen und in Gläser füllen.
Fertigstellen: den Fisch auf das gewässerte Zedernholz legen. Das Holzbrett dann in die Mitte des Grills legen und den Deckel schließen. Nach ca. 4–5 Minuten ist der Bachsaibling fertig und man kann ihn auf dem Teller anrichten. Mit 2 Esslöffeln 3 kleine Nocken pro Portion von der Avocadocreme abstechen und auf den Teller setzten und mit grünem Oxalis vollenden. Zum Schluss noch die Sweet-Chili-Sauce angießen.

AUF ZEDERNHOLZ GEGRILLTER BACHSAIBLING
AVOCADO, OXALIS UND SWEET-CHILLI-SAUCE

VON SELBST HERGESTELLTEN PRODUKTEN, DEM HOF DER KELLERS UND CHRISTIAN MITTERMEIER

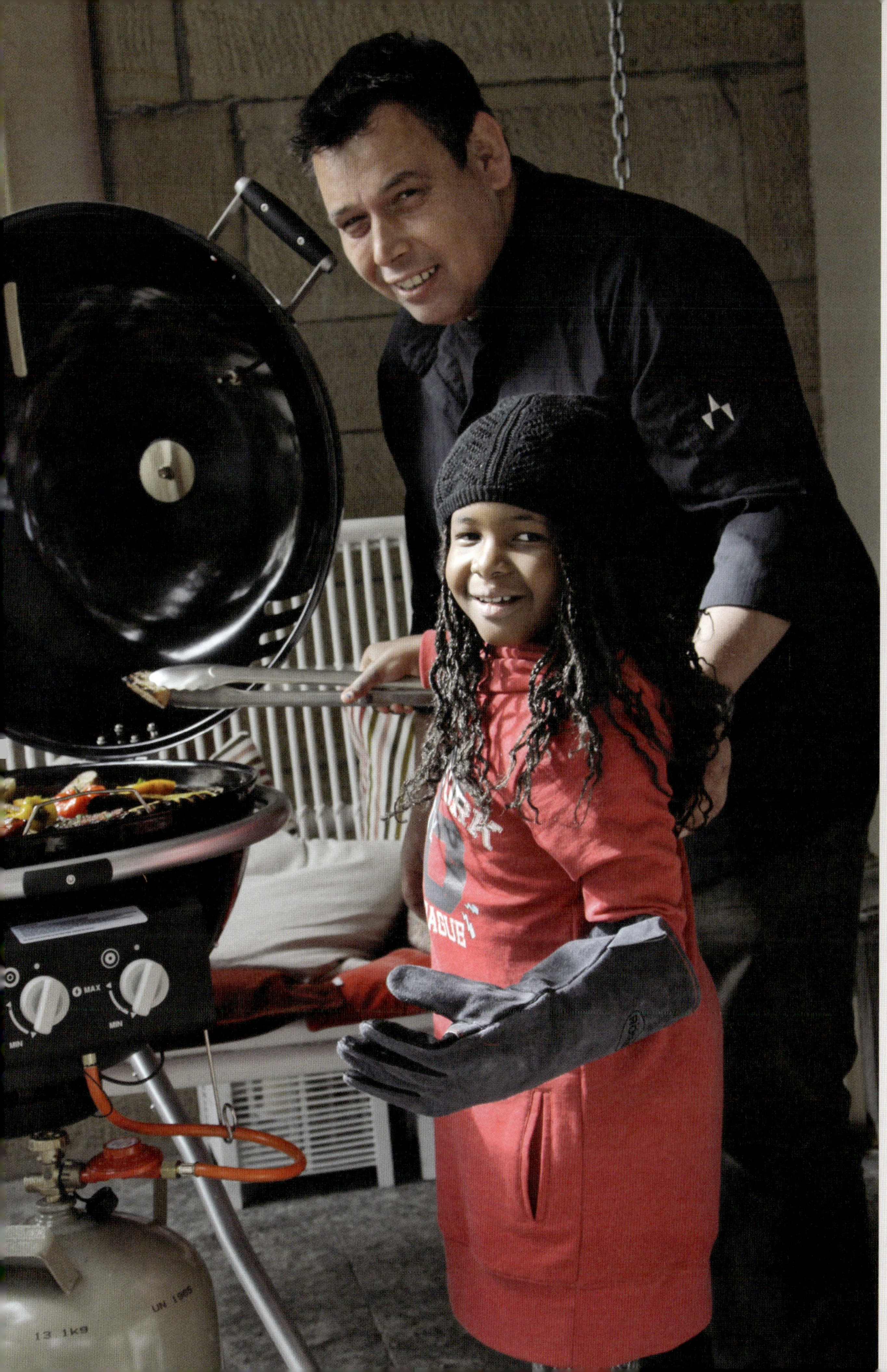
MAX
MIN
UN 1965

BACK TO THE ROOTS

Historische Individualität
Rothenburg ist wirklich sensationell! Auch wenn man – vielleicht aus Angst, von den Heerscharen asiatischer Bustouristen überrannt zu werden – eine Reise dorthin scheut, so sollte man eine solche doch unbedingt einplanen. Die weitgehend erhaltene mittelalterliche Altstadt des mittelfränkischen Städtchens ist einzigartig. Inmitten der alten Gemäuer, wehrhaften Tore und Mauern werden Erinnerungen an alte Ritterfilme wach, und man kann sich gut vorstellen, wie der Angriff des Grafen von Tilly gegen die Festungen brandete, dem sie schließlich erlagen. Danach versank die Stadt in Bedeutungslosigkeit. Dieser Dornröschenschlaf erhielt die Bausubstanz, bis der Tourismus sie wach küsste.

Aus zwei mach eins
Direkt vor dem Würzburger (Stadt-)Tor liegt der zweite Grund, warum eine Reise nach Rothenburg ein Muss ist. Die „Villa Mittermeier" – Hotellerie und Restauration. Christian Mittermeier ist der Patron dieses Anwesens, „der Gastwirt", wie er selbst sagt. Nun, das ist wie vieles, was er über seine eigene Person sagt, tief gestapelt. Das traditionsreiche Haus, das schon seine Eltern bewirtschafteten, modernisierte er gemeinsam mit seiner Frau Ulrike Schritt für Schritt. In den Zimmern verwandelte sich der fränkische Charme in internationales Flair, und das Restaurant des Hauses bricht bewusst mit der Tradition. Bis vor einiger Zeit gab es in der Villa noch zwei Restaurants. Die Enoteca „Blaue Sau" lag im Kellergeschoss des historischen Gemäuers, wohltuend nah am gut sortierten Weinkeller untergebracht. In diesem verfolgte Christian eine klare, schnörkellose Produktküche. Das zweite Restaurant, das mit einem Michelin-Stern ausgezeichnete Gourmetrestaurant, lag im oberen Bereich. Auch wenn Christian die Wurzeln der Küche in klassischer französischer Tradition sieht, ging es hier absolut zeitgeistig her. Jetzt ist alles ein bisschen anders. Das Sternerestaurant gibt es nicht mehr, denn in diese Räume ist nun das Restaurant aus dem Kellergeschoss gezogen. „Mittermeier" heißt es jetzt. Die Räumlichkeiten der „Blauen Sau" hingegen vollzogen gekonnt eine Metamorphose zur Eventlocation und werden für Veranstaltungen aller Art genutzt. Auch in der Küche gab es einen Wechsel. Weg vom italienisch angehauchten Konzept, entstehen nun Gerichte mit klassischen, fränkisch-hohenlohischen Wurzeln, urban und modern. „Ich bediene mich einer Werkzeugkiste zeitgemäßer Methoden und klassischer Handwerkskunst, benutze keine unzeitgemäßen Formalien", sagt Christian. Das Ergebnis, die Gerichte also, beschreibt er als avantgardistisch. Ein großes Augenmerk legt er auf die Qualität der Produkte. Verwendung finden vorzugsweise die aus der Region, manche besorgt er aber auch im weiteren Umkreis. „Wir wollen natürlich die besten Produkte, und wenn es die in unserer Region mal nicht gibt, dann kaufe ich sie halt woanders." Generell möchte er seine Küche und das Restaurant nicht irgendeiner schon vorhandenen Kategorie zuordnen, sondern viel lieber eine eigene Interpretation von Gastronomie machen. Locker und informell, individuell und abseits vom Mainstream. Auch in der Einrichtung ist das deutlich zu erkennen. Der erfahrenen Restaurant-Architektin und Interior-Designerin Birgit Nicolay gelang gekonnt eine Verschmelzung der Location mit dem Foodkonzept. Genau das, was Mittermeier sich vorstellte. Ursprünglichkeit und Modernität finden eine stylische Synthese. Eine andere Linie fand ebenfalls in der Ausstattung ihre Verwendung, die des „Tauberhasen", Christians eigenem Weinberg.

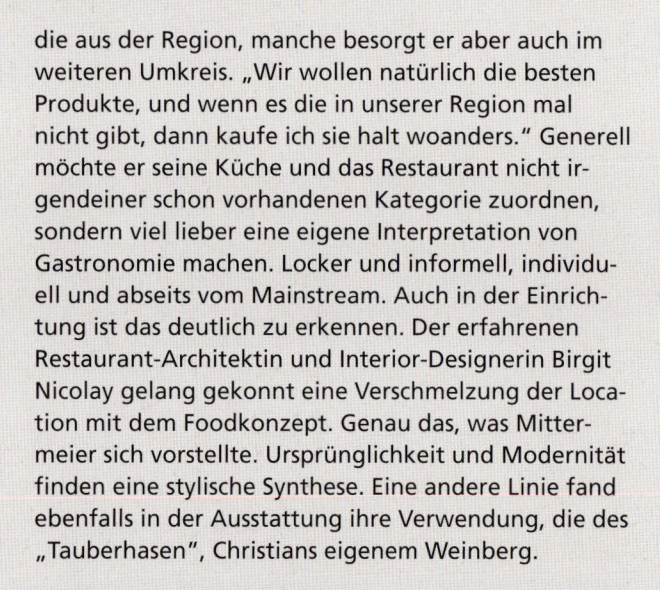

Mit 20 in die Selbstständigkeit
Christian ist ein Stratege, der Ideen- und Impulsgeber hinter seiner Gastronomie. Früher hielt er sich als Koch in seinen Restaurants weitestgehend zurück. An der Front stand er überwiegend in der Kochschule und bei seinen vielen Live-Auftritten in Kochshows und bei Events. Er ist zum Unternehmer geboren. Immer rührig und auf der Suche nach neuen Aufgaben. Die Küche verlor für ihn jedoch nie ihren Reiz. Er brauchte eine Herausforderung. Der Bruch sowie der Entschluss, etwas Neues zu wagen und sich der „ursprünglichen" Küche zuzuwenden, war daher nur eine Frage der Zeit. Hineingeboren wurde er in eine Großfamilie mit unzähligen Onkeln und Tanten, die irgendwie alle etwas mit Gastronomie und Lebensmitteln zu tun haben. Vom Bauern und Bäcker bis zum Metzger und Veterinär. So war der Weg für Christian vorbestimmt. Er wollte Koch werden, so früh wie möglich. Raus aus der Schule, die ihm irgendwie nicht lag. Klare Vorstellungen über seinen Lehrbetrieb hatte er auch. Doch

CHRISTIAN MITTERMEIER

DER TAUBERHASE

sein Lehrherr fand ihn mit 16 Jahren zu jung für den Beruf. Daher absolvierte Christian zunächst eine Metzgerlehre bei seinem Onkel, und das hat ihn geprägt. Begeistert teilt er sein enormes Wissen. Was man mit Kronfleisch Tolles zubereiten kann, außer es zu Hundefutter zu verarbeiten. Und dass man mit dem Goldschlägerhäutchen, außer Blattgold und Luftschiffe herzustellen, auch feine Schinken einwickeln kann. Dann folgte die Kochausbildung. Nach einer Schnupperlehre im Schwarzwald, die ihm gar nicht zusagte, machte er Station im renommierten Hotel „Bareiss". Das war es, was er wollte. Begeistert vom vorbildlichen Konzept des Hauses begab er sich unter die Fittiche des Küchenchefs Paul Mertschuweit. Es war noch die Zeit des strengen Regiments der Toques-Träger. Und auch der „alte Preuße Mertschuweit" war gefürchtet. Aber Christian kam klar, vergleicht sein früheres Verhältnis zum Meister mit dem eines alten Ehepaars. Dadurch geprägt und gut ausgebildet wagte er schon mit 20 Jahren den Schritt in die Selbstständigkeit. Schon damals war seine Frau Ulrike an seiner Seite, die er bereits in der Lehre kennenlernte. Fünf Jahre bewirtschafteten beide die „Burgschänke" in der alten Burg Rötteln bei Lörrach, nahe der Schweizer Grenze. In dieser Zeit wandelte sich das Ausflugslokal zum Gourmetrestaurant. Schließlich folgten beide dem Ruf von Christians Eltern – sowie dem Reiz des Konzepts Restaurant plus Hotel – in das heimatliche Rothenburg. Neben der vorbildlichen Führung der Villa zeigen beide soziales Engagement. Christian engagiert sich aktiv gegen Nazis und dafür, demokratisch zu wählen. Ulrike und er adoptierten zwei Kinder aus Südafrika. Als die beiden nach Deutschland kamen, waren sie fünf und sechs Monate alt. Heute lebt die Familie nebst Hund innerhalb der Stadtmauern in einem 600 Jahre alten Gebäude. Und man gewinnt den Eindruck: glücklich und zufrieden bis an ihr Lebensende.

Die Basis von allem

Christian hat ein Faible für regionale Produkte. Einige stellt er selbst her und ist zu Recht stolz darauf, aus einem anfänglichen Hobby einen weithin geschätzten, zusätzlichen Erwerbszweig entwickelt zu haben. Wir fahren zusammen mit ihm in seinen eigenen Weinberg. Nicht weit vom Restaurant entfernt, quasi in Sichtweite, liegt dieser in der Lage „Tauberzeller Hasennestle" auf zwei Hektar verteilt. Da dieser Standort nicht gerade für Qualität steht, verwendet Christian den Namen Tauberhase, um seine ambitionierten Weine positiv abzugrenzen. Der Besitz des Weinberges ist das Resultat aus Christians Vorliebe für Produkte aus der Region, wenn diese denn seinen Vorstellungen von Qualität entsprechen. Regionalität darf nach seiner Auffassung nie ein Argument für das zweitbeste Produkt sein. Authentizität, Nachhaltigkeit und Regionalität sind Attribute, die er für seine Küchen in Anspruch nimmt, im Restaurant und auch privat. Ehrlich werden sie verwendet, nicht aus der neuen Mode „Regionale Küche" heraus oder unter Marketinggesichtspunkten. Nein, Christian ist so und er lebt es.

Zu dritt wird der Tauberhase bewirtschaftet. Mit von der Partie: Freund und Kollege Jürgen Koch aus Weikersheim und Christians Cousin Lars Zwick. Der Ausbau der Weine obliegt dem Häcker, so nennt man hier die Weinbauern, Hansi Ruck. Und dieser baut die Weine schnörkellos und traditionell mit deutlichem Terroir aus. Verschiedene Rebsorten werden im Weinberg nebeneinander angebaut sowie gleichzeitig gelesen und gekeltert – die Schwerpunkte besetzen ein Riesling und die autochthone Rebsorte Tauberschwarz. Es vereinen sich unterschiedliche Reifegrade, Säuren und Aromen zu duftenden Weinen, die von Frische und saftigen Beerenaromen geprägt sind.

Mit dem Wein fing es an. Es folgten weitere Produkte, die sich aus dem Konzept logisch entwickelten. Aus dem Saft ausgedünnter Trauben, der Grünlese, wird Verjus hergestellt. Mit seiner feinen Säure eine gute Basis für Dressings oder Marinaden. Nebst dem eigenen Honig aus Bienenstöcken, die der Onkel in den Weinberg stellte, ist er auch Bestandteil des Tauberhasen-Senfs. In diesem ersetzen die eigenen Produkte Zucker und Essig. Und von der Traubenschorle, ein Mix aus sortenreinem Most und natürlichem Mineralwasser, werden pro Jahr gut 60.000 Flaschen verkauft.

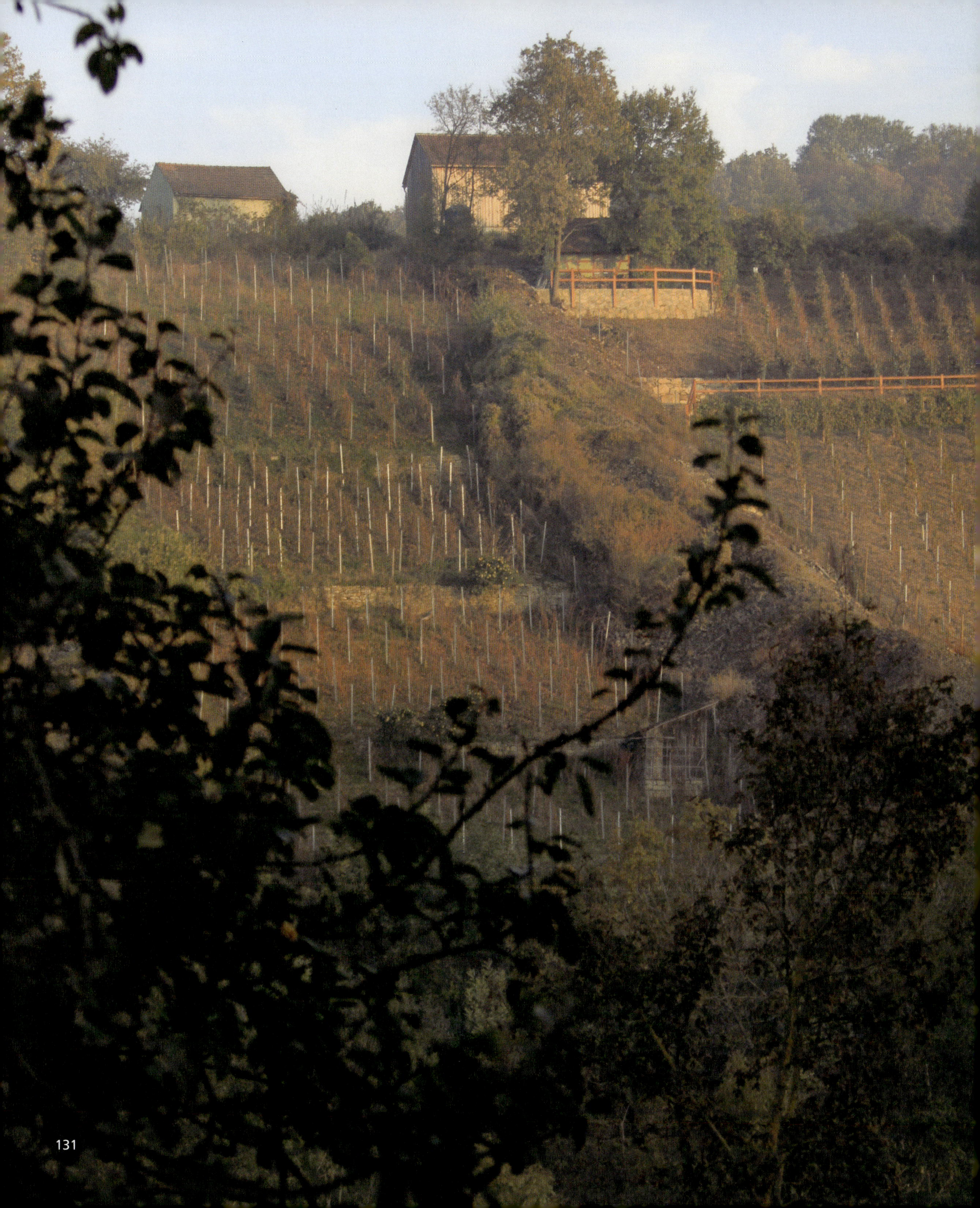

FAMILIENFEST

Home, sweet home

Auch oder besser gesagt: Gerade wenn es um das gemeinsame Essen mit der Familie geht, verfolgt Christian ebenfalls diese authentische, regionale Linie. Vor allem, wenn man Kinder hat, sei es wichtig, gute Produkte zu verwenden. Regionale Zutaten haben den simplen, aber umso bedeutungsvolleren Vorteil, dass man weiß, woher die Produkte stammen und wie diese angebaut werden. Mit gutem Gewissen und vollem Geschmack sind es dann jene, aus denen tolle Gerichte aller Art zubereitet werden können.
Am liebsten veranstaltet Familie Mittermeier Grill-Sessions. Oft, wenn es das Wetter und die Zeit zulassen, bereitet Christian zusammen mit seiner Frau sowie Paul und Maura ein richtiges kleines Festmahl zu. Fernab vom Alltagsstress, zusammen mit den Liebsten – das ist es, was Christian ab und an für seinen inneren Frieden braucht. Zu Hause auf dem eigenen Balkon wird dann der Grill aufgestellt und alles eingedeckt. Als Grillgut dienen selbst gemachte Würstchen sowie Fleisch und Gemüse einer Bauernfamilie, mit der Christian in einem ganz besonderen Verhältnis steht – dazu aber später mehr. „Außerdem ein Glas Wein für mich und meine Frau sowie Schorle für die Kinder, hergestellt aus den eigenen Trauben, dann passt alles." In diesen besonderen Momenten lässt es sich Christian dann auch nicht nehmen, selbst am Grill zu stehen, das Feuer zu entfachen und auf die glimmend heiße Glut zu warten, die all die Zutaten gart. Für ihn ist das die archaischste Methode der Speisezubereitung, die maximale Verkörperung des informellen Genusses. Auch im „Mittermeier" verwendet er oft einen Grill, um seinen Gerichten einen besonderen Touch zu verleihen: „Durch die hohen Temperaturen entstehen besondere Aromen und dieser außergewöhnliche Geschmack." Grillen ist für Christian immer ein persönliches Event., denn „wenn es ums Grillen geht, wird bei mir irgendwie ein Schalter umgelegt, und ich bekomme richtig Bock, was zu machen." Fleisch und Wurst dürfen beim Familiengrillfest des gelernten Metzgers niemals fehlen. Allerdings zeigt uns Christian noch eine andere existenzielle Zutat. Sein persönlicher Favorit und, privat sowie im Restaurant, ein spürbarer Bestandteil der Speisekarte: die Feldfrüchte. „Vor einiger Zeit war es Luxus, besondere Früchte wie etwa Mangos aus Thailand zu verarbeiten. Selten mussten die Produkte sein. Außerdem schwierig zu bekommen. Das war die Anforderung." Doch irgendwann wurden die Ausnahmen zur Regel und Produkte wie Jakobsmuscheln und Trüffel verloren an Exklusivität. Für Christian bedeutet kulinarischer Luxus, „dass man noch weiß, wie Dinge hergestellt werden, und das richtige Know-how zu haben, auch damit umzugehen. Außerdem gehört für mich dazu, mit neuen Küchentechniken wie zum Beispiel dem Sous-vide-Garen aus einer scheinbaren Einfachheit das Exklusive herauszuholen." Es ist vor allem der Geschmack in Verbindung mit der Textur von Steckrüben, Kartoffeln und anderen Feldfrüchten, der ihm Spaß bereitet. Eine aromatische Möhre hat für ihn mehr Wert als ein Produkt, welches man nur vom Hören kennt und von dem man nicht weiß, wie es schmecken oder aussehen soll. Für ihn steckt ein gewisser Idealismus dahinter, kulinarisch zum Ursprung zurückzukehren. Ein zeitgemäßer Fortschritt, der hinterfragt werden muss und an dem es sich aktiv zu beteiligen gilt. Mit der Natur zu arbeiten und dankbar dafür zu sein, was sie hervorbringt, ist ein Schritt in die richtige Richtung. „Jeder Koch und Verbraucher kann selbst entscheiden, wie er damit umgeht. Wichtig ist aber, nicht immer nur zu quatschen, sondern auch mal zu machen." So wie er, als er einst Familie Keller als Initialzündung diente, ihr Gemüse auf den Markt zu bringen. Das ist jetzt 20 Jahre her.

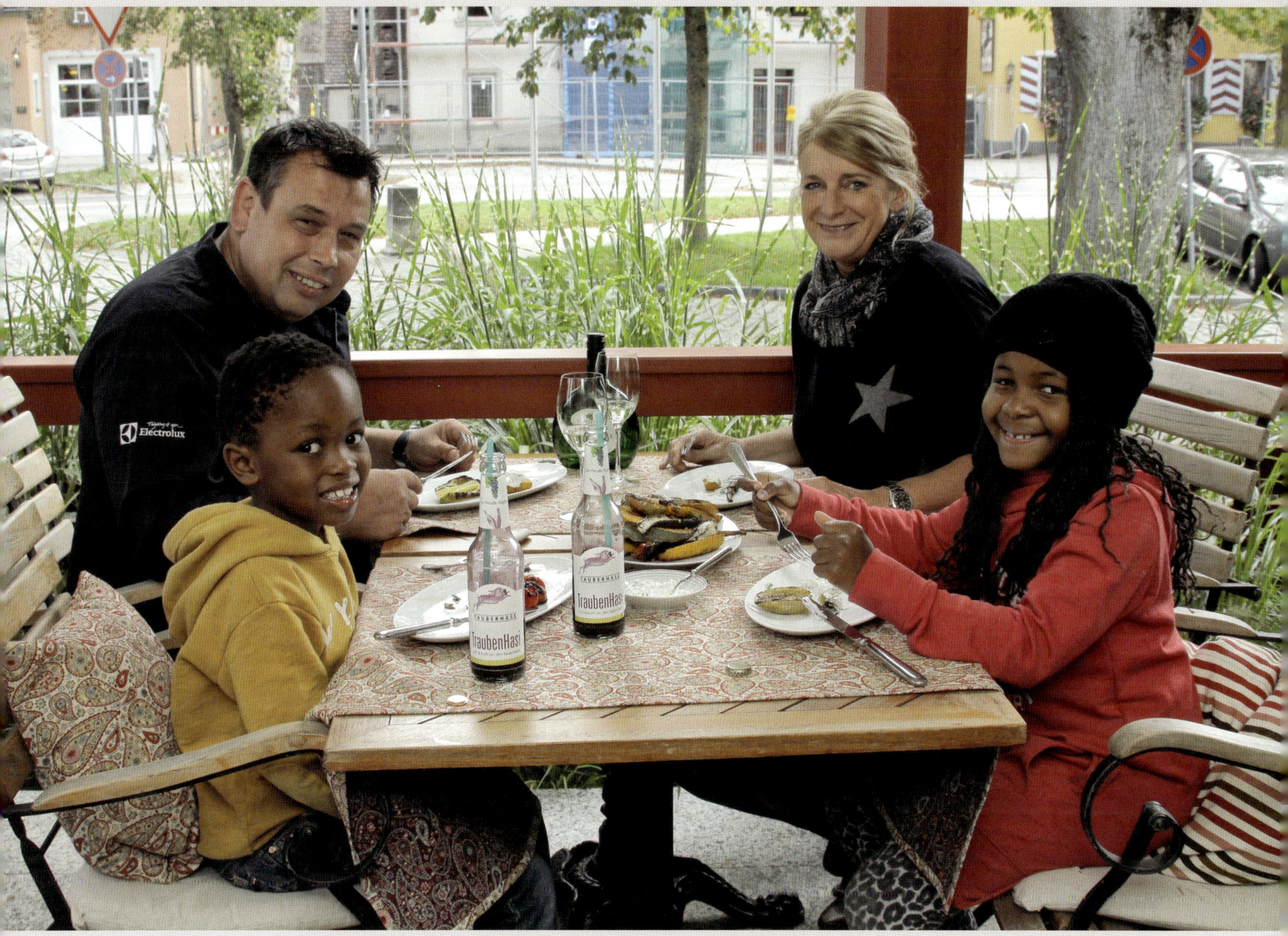
Electrolux
TraubenHasi
TraubenHasi

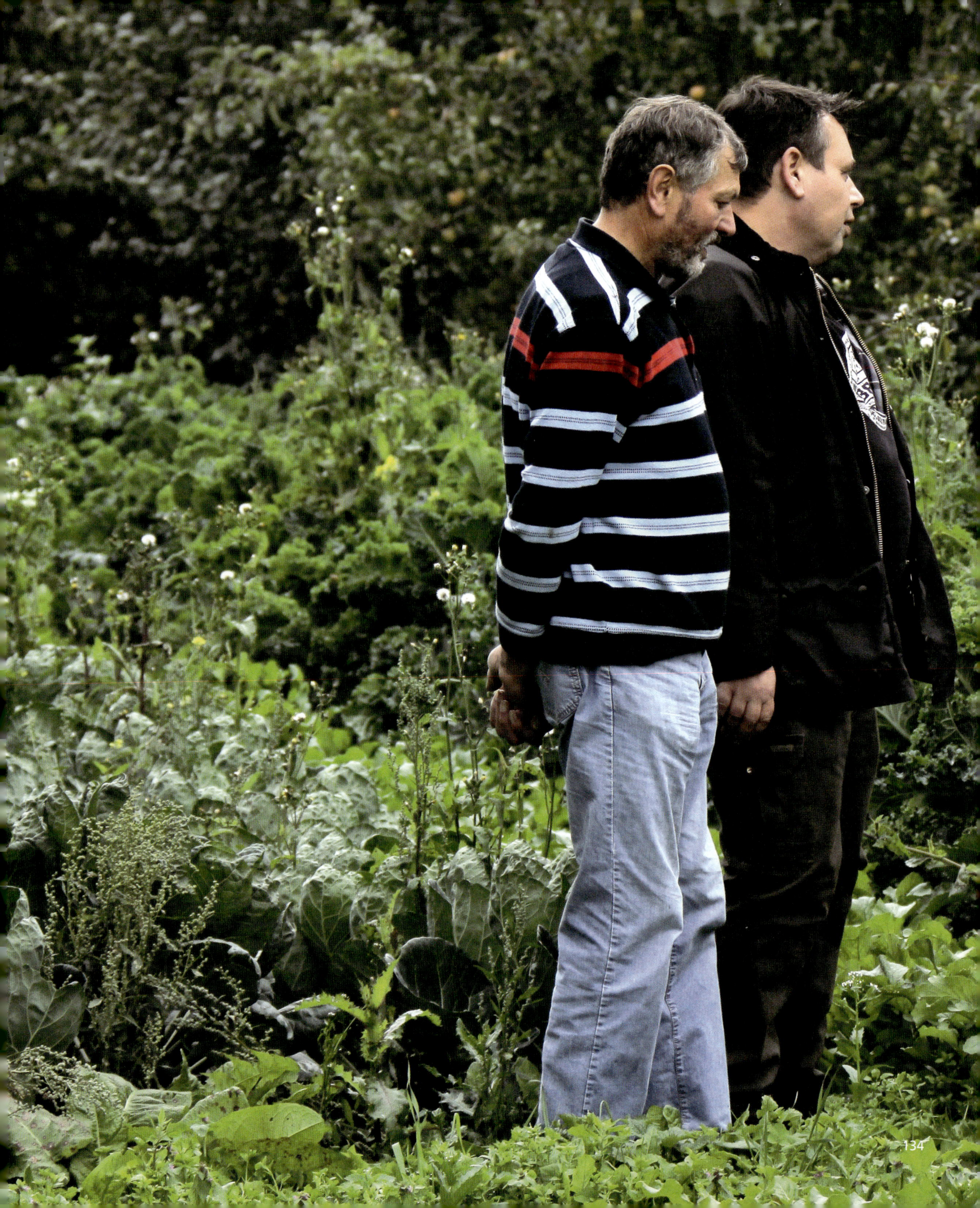

AUF DEM KELLERHOF

VOM SCHWEIN

Tradition und Fortschritt
Außerhalb der alten Stadtmauern, ländlich gelegen und zwischen saftige grüne Wiesen und Felder gebettet, da befindet sich der Bauernhof der Familie Keller. Seit dem 16. Jahrhundert bereits im Familienbesitz, sind es heute vier Generationen, die gemeinsam dort leben und arbeiten. Das Ehepaar Keller, Monika und Helmut, gemeinsam mit der 80-jährigen Großmutter – wir erfahren, dass sie den Betrieb trotz ihres hohen Alters immer noch tatkräftig unterstützt. Außerdem Stefan, der zweite Sohn des Ehepaars, zusammen mit seiner Frau Daniela und den beiden Kindern Michelle und Fabienne – von Monika liebevoll das „junge Gemüse" genannt. In ihrem Ursprung sind sie ein konventioneller Bauernhof, der sich überwiegend selbst versorgt. Irgendwann spezialisierten sie sich aus wirtschaftlichen Gründen zusätzlich auf die Schweinezucht. Vor 20 Jahren klopfte dann Christian Mittermeier an die Tür. Er weckte die Motivation, in größeren Mengen Gemüse und Kräuter anzubauen, und gab zudem den Ansporn, den Weg der Direktvermarktung einzuschlagen. Frische, natürliche Produkte, direkt vom Feld, das sei das, was der Umgebung fehle. Heute sind es genau jene Produkte, für die Familie Keller in Rothenburg und Umkreis mehr als nur bekannt ist. Christian ist aber nicht nur Drahtzieher, sondern auch wichtigster Abnehmer, stets im direkten Dialog mit der Familie. „Qualität hat ihren Preis. Zu Recht, denn die Leute müssen davon leben können." Einmal im Jahr treffen sich der Koch und das Ehepaar in gemütlicher Runde, um gemeinsam zu überlegen, wo in Zukunft auf dem Markt der Bedarf liegen könnte, was Christian für sein Restaurant benötigt und was sich die Kellers wünschen.

Auf Wissen aufbauen
Die Familie betreibt ihren Hof rein biologisch, im Einklang mit der Natur, auch ohne Bio-Siegel auf ihren Produkten. Beigebracht haben sie sich alles in eigener Initiative. Über Generationen hinweg wurde das landwirtschaftliche Wissen weitergetragen, immer aber auch durch neue Erfahrungen ergänzt. „Wir beobachten die Natur und können viel von ihr lernen. Die nächste Generation kann dann darauf aufbauen." Umso bedauerlicher ist es, wenn der Nachfolger beschließt auszusteigen. Stefan, der Sohn, entschied zunächst, sich als Landschaftsgärtner selbstständig zu machen. Nach einiger Zeit eignete er sich zusätzlich Wissen über den Anbau von Gemüse und Kulturpflanzen an und beschloss dann, doch in den Familienbetrieb miteinzusteigen. Er war es auch, der dem Impuls von Christian Mittermeier folgte und mit den Keller-Produkten auf den örtlichen Markt ging. Die Kunden interessierten sich zunehmend für das vielfältige Angebot, waren dankbar, dass es endlich wieder „Gemüse aus der Erde" gibt und nicht wie so oft in einer Nährlösung kultiviertes.

Die Zeit arbeitet für den Pflanzenschutz
Eigentlich hätte sich Familie Keller auch für dieses Anbausystem entscheiden müssen, bei dem durch ständiges Zuführen einer speziellen Dünger-Wasser-Mischung die Pflanzen überwiegend in Gewächshäusern heranwachsen. Denn der Lehm-Ton-Boden des Kellerguts bietet keine guten Voraussetzungen für den Anbau von Gemüse. „Er ist schwer zu mechanisieren, und witterungsbedingt können wir den Acker nicht so schnell bestellen wie bei einem Sandboden", sagen die Kellers. Sandböden bieten jedoch weniger an Nährstoffen, und der Unterschied im Geschmack der Produkte sei deutlich zu erkennen. Vor allem bei Wurzelgemüse merke man diese Differenz. Familie Keller entwickelte ihre eigenen Methoden – trotz dieser scheinbar unglücklichen Voraussetzung –, um bestes Gemüse von feinster Qualität zu kultivieren, und stellte im Laufe der Zeit ihre eigene Erde her. Gedüngt wird diese einmal im Jahr, im Herbst. Selbstverständlich ohne Chemikalien oder Spritzmittel, sondern rein biologisch und organisch. Hauptsächlich selbst hergestellte Jauchepräparate aus Brennnessel oder Schachtelhalm kommen dabei zum Einsatz. So werden sowohl die Eigenkraft als auch die Widerstandsfähigkeit der Pflanzen gestärkt. Auch die Schädlingsbekämpfung passiert ausschließlich mit biologischen Pflanzenschutzmitteln. Diese auf Naturbasis hergestellten Produkte wie Neem Azal wirken gezielt gegen Schädlinge, Nützlinge hingegen bleiben verschont. Was von Vorteil ist, denn Marienkäfer und Co. brauchen eine gewisse Zeit, um sich einzustellen. „Die Zeit tut ihr Übriges, wenn man sie nur lässt. Ständig gegen Parasiten oder Läuse anzugehen, vermindert den Befall nicht. Wartet man, bis von selbst die Nützlinge kommen, bleiben auch die Schädlinge weg."

Für jeden etwas dabei
Die Kellers bieten ausschließlich saisonale Gemüsesorten an, alles, was Selbstversorger so anbauen. Vom Wurzel- über Strauchgemüse bis hin zu verschiedenen

ZUM GEMÜSE

ALLES VON EINEM HOF

Salaten ist bei ihnen alles zu finden; exotische Produkte, wie beispielsweise Okraschoten oder Bambussprossen, sucht man hingegen vergeblich. Besonders ist, dass die Produkte sowohl in unterschiedlichen Größen als auch Mengen bei ihnen erworben werden können, angepasst an die verschiedenen Haushalte. Die Familie ist sehr darauf bedacht, dass keine dieser wertvollen Lebensmittel unnötig verschwendet werden. Ein halbes Bund Radieschen oder ein Minikrautkopf für Singles oder Pärchen ist daher ebenso leicht bei ihnen zu bekommen wie ein sehr großer Salatkopf für Familien. Auch das selbst gebackene Brot ist sowohl in einzelnen Scheiben als auch als ganzer Laib zu erhalten. Ihr Kundenkreis respektiert dieses wechselnde Angebot, zugeschnitten auf eine bodenständige Küche und angepasst an verschiedene Lebensverhältnisse, ja es verlässt sich sogar darauf.
Eine weitere Besonderheit ist, dass auf dem Kellerhof mehr als nur eine Gemüsesorte ihrer Art zur Auswahl steht, „beispielsweise stellen wir jedes Jahr andere Sorten Tomaten bereit, viele ältere Arten und in allen Farben". Auch bei der Karotten- oder Rote-Bete-Auswahl kann man sich zwischen mehr als zwei Sorten entscheiden. Alle zwei Wochen säen die Kellers Salat, über das Jahr verteilt können sie daher viele verschiedene Arten anbieten. In der kälteren Jahreszeit entsprechend winterfestere als im Sommer. Generell werde bei ihren Produkten akribisch auf die Lagerfähigkeit geachtet, einige Arten sind widerstandsfähiger als andere. Superschmelz, eine ihrer Kohlrabisorten, ist auf den ersten Blick ein typischer Kohlrabi. Seine Konsistenz im Inneren ist jedoch so fein wie Apfel. Die äußere Schale hingegen ist extrem hart und robust. Gemüse, das nur kurz lagerfähig ist, wird zeitnah weiterverarbeitet – nicht selten entsteht daher aus ihrem Kohl Sauerkraut. Das verkaufen sie dann ebenfalls auf ihrem Hof. Im Winter kaufen sie einige fehlende Gemüsesorten aus einem bekannten Demeterbetrieb hinzu, sorgen immerzu dafür, dass sich ihr Sortiment in der Waage hält. Jedes Produkt findet unmittelbar nach seiner Ernte Verwendung, selten werfen die Kellers etwas weg. Abends wird geerntet und morgens werden die frischen Produkte auf den Märkten vertrieben. Wenn dann doch mal hier und da ein Gemüse verdirbt, freuen sich die hofeigenen Schweine.
Diesen Erwerbszweig gaben die Kellers niemals auf: Zusätzlich verdienen sie ihr Geld mit dem Verkauf von eigenem Schweinefleisch aus einer Kreuzung der deutschen Landrasse mit dem deutschen Edelschwein.

Früher wurde nach Bedarf geschlachtet, heute regelmäßig jede Woche. Zusätzlich bieten sie Rindfleisch von Weiderindern an. Gehalten werden diese auf dem Hof eines befreundeten Kollegen. Nur drei Rinder pro Jahr schlachten die Kellers. Kalbfleisch gibt es sogar nur auf Anfrage.

Klare Linie in allen Lebensbereichen
Selten begegnet man Personen, die so extrem hinter ihrer Lebensphilosophie stehen, wie es bei Christian Mittermeier der Fall ist. In allen Bereichen verfolgt er eine klare Linie, scheut nicht davor zurück, vom allgemeinen Trend abzurücken und zum Ursprung zurückzukehren. Umso besser, wenn es jene Personen sind, die andere dazu animieren, ebenfalls darüber nachzudenken, auf informelle Weise authentisch zu leben. „Dass aufgrund so einer Haltung eine ganze Familie ihr Geschäftsmodell umstellt, das macht mich schon ein bisschen stolz", sagt Christian. Zu Recht.

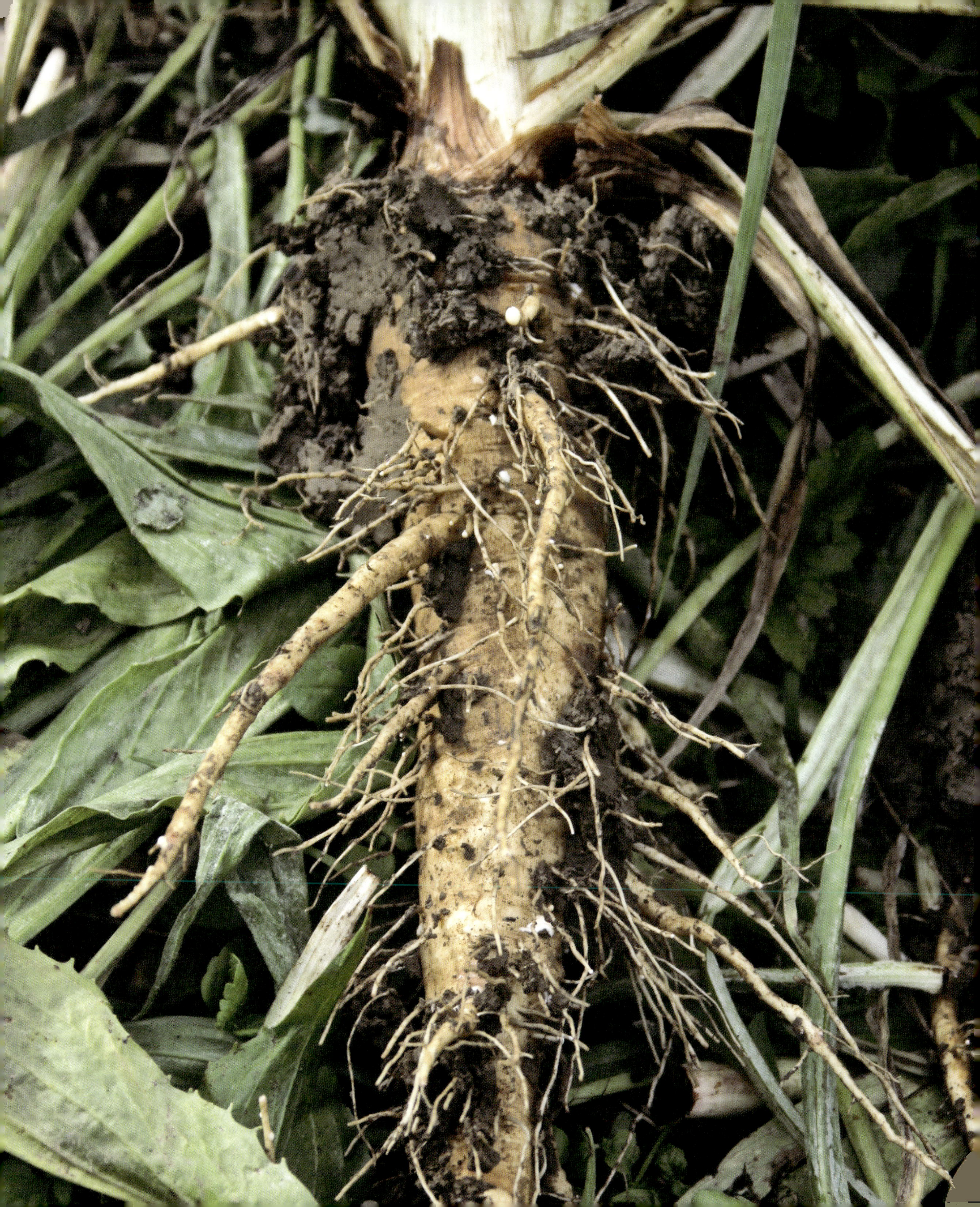

Technik und Equipment
Rösle-Kugelgrill • Wende-Grillplatte • Grillrost • Spitzzange • Barbecue-Grillzange • Grillhandschuh • Holzkohle • direkte Hitze

1 kg gemischtes, mediterranes Gemüse (z. B. gelbe und grüne Zucchini, kleine Auberginen, rote und gelbe Spitzpaprika, Fenchel etc.) • Salz • 4 EL geröstetes Sesamöl • 1 EL gerösteter Sesam • 1 EL Ducca • 4 Stängel Koriander, frisch

Gemüse waschen und putzen. Paprika vierteln und entkernen, Zucchini längs halbieren, Auberginen in Scheiben und Fenchel in Spalten schneiden. Das Gemüse mischen und mit Salz würzen. Sesam, Sesamöl und Ducca verrühren und das Gemüse damit marinieren. Anschließend auf mittelgroße Vakuumierbeutel flach verteilen und vakuumieren.
Das Gemüse im Wasserbad bei 85° C 45 Minuten garen. Den Grill vorheizen und das Gemüse aus dem Beutel nehmen. Das Gemüse auf großer Flamme bei geöffnetem Deckel grillen, bis es eine schöne Bräunung hat. Korianderblätter zupfen und schneiden.
Anrichten: Gemüse in einer Schüssel vermengen, den frischen Koriander zugeben und direkt servieren.

GEGRILLTES GEMÜSE
MIT SESAM, KORIANDER UND DUCCA

Technik und Equipment
Rösle-Kugelgrill • Grillrost • Barbecue-Grillzange • Grillhandschuh • Holzkohle • direkte Hitze

4 Stangen Lauch • 1 eingelegte Salzzitrone (marokk. Spezialität) • 1 TL Zucker • 4 TL grüne Pfefferkörner • 1 EL Olivenöl

Die Wurzel und das dunkle Grün der Lauchstangen abschneiden. Die Lauchstangen mit einer Rouladennadel oder einem Holzspieß perforieren. Die Stangen jeweils in zwei gleich lange Stücke schneiden, unter fließendem kaltem Wasser waschen und das Wasser ausschütteln. Die Zitrone vierteln und das Fruchtfleisch herausschneiden. Fruchtfleisch auspressen und den gewonnenen Saft mit dem Zucker, den grünen Pfefferkörnern und dem Olivenöl verrühren. Die Zitronenschale in feine Streifen schneiden und der Marinade zugeben. Den Lauch auf mittelgroße Vakuumbeutel verteilen, die Marinade zugeben und vakuumieren.

Den Lauch im Wasserbad bei 85° C 50 Minuten garen. Grill mit geschlossenem Deckel vorheizen. Lauch aus den Beuteln nehmen, den Fond auffangen. Die Lauchstangen ringsherum scharf grillen, dabei darf der Lauch komplett schwarz werden.

Anrichten: die Lauchstangen mit einem scharfen Messer längs einschneiden und aufklappen. Den Pfefferfond in die aufgeklappten Lauchstangen geben und die Zitronenzesten darauf verteilen. Verzehrt wird nur das weich gegarte Innere des Lauchs.

LAUCH
MIT SALZZITRONE UND GRÜNEM PFEFFER

Technik und Equipment
Rösle-Kugelgrill • Grillrost • Barbecue-Grillzange • Grillhandschuh • Holzkohle • direkte Hitze

1 Steckrübe • 2 junge violette Kohlrabi • 4 Wurzeln Haferwurz • 150 g braune Butter • Salz • 100 g Buchweizen • 50 ml Sonnenblumenöl • 1/2 Bund Blattpetersilie

Buchweizen in kaltem Wasser einweichen. Petersilie waschen, Blätter abzupfen und fein schneiden. Haferwurz unter fließendem Wasser mit einer Bürste schrubben, trocken tupfen und mit Salz würzen. Steckrübe und Kohlrabi waschen, die unschönen Stellen, Stiele und Blätter entfernen. Steckrübe halbieren, in 2 cm dicke Scheiben schneiden und mit Salz würzen. Kohlrabi vierteln und mit Salz würzen. Steckrübenscheiben, Haferwurz und Kohlrabispalten jeweils mit 50 g brauner Butter vakuumieren.
Steckrübe, Haferwurz und Kohlrabi im Wasserbad bei 85° C 75 Minuten garen. Währenddessen den eingeweichten Buchweizen in ein Sieb abgießen, unter fließendem Wasser abwaschen und gut abtropfen lassen. Das Öl in einer Pfanne erhitzen, den Buchweizen darin goldbraun frittieren, das Öl abschütten und die Körner auf Küchenpapier abtropfen lassen.
Grill auf mittlerer Flamme bei geschlossenem Deckel vorheizen. Steckrübe, Haferwurz und Kohlrabi aus dem Beutel entnehmen und den entstandenen Fond aufbewahren. Das Gemüse auf dem Grill bei geschlossenem Deckel 3 Minuten von jeder Seite angrillen. Den Fond am Grill warm halten und vor dem Servieren mit einem Stabmixer montieren. Buchweizen und Petersilie zugeben.
Anrichten: das Gemüse dekorativ auf einem Teller oder einer Platte anrichten und den Buchweizen-Petersilien-Fond großzügig nappieren.

STECKRÜBE UND VIOLETTE KOHLRABI
MIT NUSSBUTTER, PETERSILIE UND BUCHWEIZEN

Technik und Equipment
Rösle-Kugelgrill • Grillrost • Spitzzange • Grillhandschuh • Holzkohle • direkte Hitze

1 mittelgroße Sellerieknolle • 700 ml Kirschsaft • 2 TL Pimentón de la Vera • 1 TL Cayennepfeffer • Salz • 1 EL Walnussöl • 1 kleines Glas Schattenmorellen

Den Kirschsaft und den Saft der Schattenmorellen auf 200 ml einkochen und mit Salz, Pimentón de la Vera, Walnussöl und Cayennepfeffer würzen. Sellerie schälen und halbieren. Die Selleriehälften in 2–3 cm dicke Scheiben schneiden und zusammen mit der Kirsch-Reduktion vakuumieren.

Den Sellerie im Wasserbad bei 95° C 120 Minuten garen. Schattenmorellen auf einem Sieb abtropfen lassen. Den Grill vorheizen. Den Sellerie aus dem Beutel nehmen und langsam bei mittlerer Flamme auf dem Grill Farbe annehmen lassen. Den Kirschfond aus dem Beutel in eine Schüssel geben, die Schattenmorellen zugeben und zum Sellerie servieren.

SELLERIE-KIRSCH-BBQ

Technik und Equipment
Rösle-Kugelgrill • Grillrost • Barbecue-Grillzange • Grillhandschuh • Holzkohle • direkte Hitze

4 Ur-Karotten • 1 EL Honig • Salz • 1 TL Melange Noir (Pfeffermischung) • 2 TL braune Butter

Karotten dünn schälen, die Enden abschneiden und mit Salz und der Hälfte des Pfeffers würzen. In einen Vakuumierbeutel geben und den Honig hinzufügen, dann vakuumieren.
Die Karotten im Wasserbad bei 95° C 100 Minuten garen. Karotten aus dem Beutel nehmen und den Fond in einem kleinen Topf beiseitestellen. Den Grill vorheizen und anschließend die Karotten bei mittlerer Hitze von allen Seiten grillen. Den Fond am Rand des Grills warm stellen.
Anrichten: die Karotten anrichten, mit dem Fond übergießen und mit Melange Noir bestreuen.

HONIGKAROTTE MIT SCHWARZEM PFEFFER

Technik und Equipment
Rösle-Kugelgrill • Grillrost • Barbecue-Grillzange • Grillhandschuh • Holzkohle • direkte Hitze

1 Blue-Kuri-Kürbis (blauer Hokkaido), ca. 1 kg • Salz • weißer Pfeffer • 1 Glas Sushi-Ingwer • 50 g Soft Cranberrys • 2 TL Traubenkernöl

Kürbis halbieren und mit einem Löffel die Kerne entnehmen. Die Kürbishälften mit einem langen, dünnen Messer in je 6 gleichmäßige Spalten schneiden. Die Spalten mit Salz und Pfeffer einreiben und auf 3 mittelgroße Vakuumierbeutel verteilen. Cranberrys, Saft des Sushi-Ingwers und Traubenkernöl miteinander verrühren und in die Beutel füllen, vakuumieren. Den Kürbis im Wasserbad bei 90° C 2 Stunden garen.

Den Kugelgrill vorheizen, dabei die mittlere Flamme hoch und die äußere Flamme eher niedrig halten. Die gegarten Kürbisspalten aus den Beuteln entnehmen, den Fond separat einkochen. Kürbis in der Mitte des Grills bei geschlossenem Deckel von jeder Seite ca. 2 Minuten grillen, bis die gewünschte Bräunung erreicht ist. Anschließend so lange im äußeren Bereich der Grillfläche liegen lassen, bis er vollständig heiß geworden ist.

Anrichten: mit dem Sushi-Ingwer garnieren, den Fond mitsamt den Cranberrys darüberträufeln.

BLUE-KURI-KÜRBIS
MIT CRANBERRYS UND INGWER

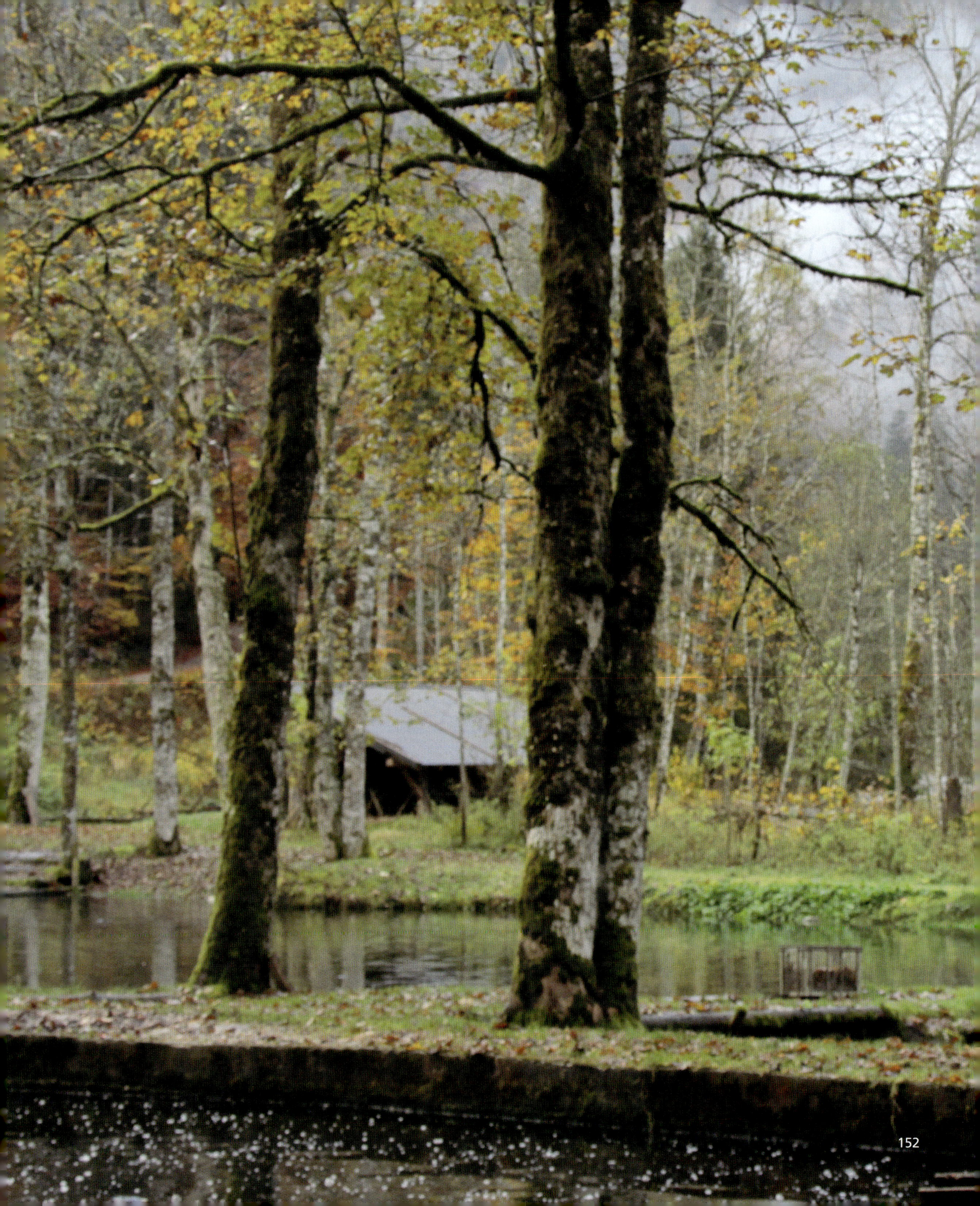

VOM WASSER, VON FISCHEN UND VON FISCHLIEBHABERN

DAS HAUS AM SEE

Die Stadt Tegernsee liegt – nicht allzu überraschend – direkt am schönen Tegernsee. Geografisch gesprochen, im Tegernseer Tal, am östlichen Ufer des Sees, der sich wiederum im bayrischen Oberland und am nördlichen Alpenrand befindet. Das gesamte Gewässer, einschließlich seiner einzigen Insel, zählt zum Stadtgebiet, was die Stadt offiziell enorm vergrößert. Etwa 3600 Einwohner führt das Register der Stadt. Noch gar nicht lange gehören auch Erich Schwingshackl und seine Lebensgefährtin Katharina Krauß dazu. Sie haben in den letzten Jahren ein kleines Paradies für Gäste geschaffen, die es verstehen zu genießen.

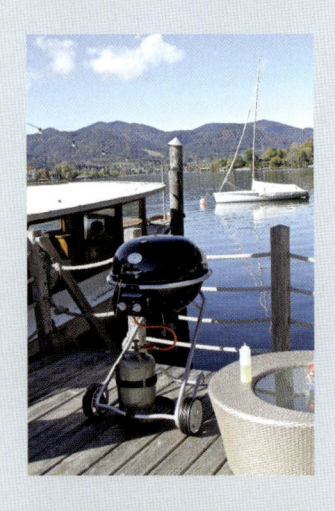

Wenn schon nicht in der schönen eigenen Heimat, dann sollte ein Koch aus Südtirol doch wenigstens direkt am Ufer des Tegernsees ein Restaurant eröffnen. Am besten eines, das vom Guide Michelin mit mindestens zwei Sternen ausgezeichnet wird. Drumherum würde sich ein kleines Hotel gut machen, das mit Pianobar und behaglichem Foyer zum Entspannen und Feiern einladen würde. Ein Bistro, das sich zur Hälfte an Land und zur Hälfte auf einem nostalgischen Tegernsee-Kahn befände, müsste die ganze Angelegenheit abrunden. Wenn der Koch dann auch noch in der Sommelière des Hauses eine gute Weinberaterin und gleichzeitig seine große Liebe fände, wäre alles perfekt. Genau so ist es bei Erich Schwingshackl und Katharina Krauß gekommen, und der Koch und die Sommelière führen in Tegernsee am Tegernsee die eben beschriebene Gastronomie. Die beiden konnten ihr Glück kaum fassen, als sie das Anwesen fanden und sofort anmieten konnten. Die Renovierungsarbeiten waren nicht der Rede wert, und so bot das Haus den Platz für einen vielversprechenden Neuanfang. Erich Schwingshackl wurde in Südtirol geboren, wuchs dort auf und absolvierte auch dort etwas später seine Ausbildung zum Koch. Mit Anfang 20 ging er nach Deutschland, wo das Hotel-Restaurant „Vier Jahreszeiten" in Hamburg ein gutes Sprungbrett in die ganz gehobene Küche sein sollte. Das gelang ohne Tadel, und 1994 war er im Restaurant „Aubergine" in München angestellt. Das war der Ritterschlag für einen jungen Koch. In den meisten Fällen wurde der relativ kurz und schmerzhaft vollzogen. Auch Erich Schwingshackl zog nach nur einem Jahr weiter. Mit Eckard Witzigmann als Referenz heuerte er bei einer weiteren Größe der deutschen Gourmetkultur an und erkochte sich bis 2002 den Posten des Küchenchefs in der „Residenz Heinz Winkler". Dort lernte er auch Katharina Krauß kennen, von der er sich in Zukunft weder privat noch beruflich wieder trennen wollte. 2005 gingen sie zusammen nach Niederbayern und brachten in den Hotelbetrieb von Katharinas Eltern frischen Wind. Das dort neu eröffnete Gourmetrestaurant „Schwingshackl Esskultur" erhielt schon 2008 den ersten Michelin-Stern und für das Jahr 2012 den zweiten. Den wollte das Paar allerdings nicht weiter unter Beweis stellen, als die beiden ihr Traumhaus am Tegernsee fanden. Schon viel zu lange hatten sie von der gemeinsamen Selbstverwirklichung geträumt, als plötzlich diese stillgelegte, aber komplett eingerichtete Gastronomie-Immobilie vor ihnen stand. Widerstand war zwecklos, sie wussten, dass es ihnen leidtun würde, wenn sie das Restaurant mit angebundenem Hotel jetzt nicht nach ihren Vorstellungen in Betrieb nehmen würden. Die wichtigsten Arbeitskräfte waren sie selbst, denn mit Koch und Sommelière sind zwar lange nicht alle Aufgaben gedeckt, doch ohne sie läuft ein Laden in der gehobenen Gastronomie auf keinen Fall.

Die Villa am See bot ihnen alle Möglichkeiten zur Entfaltung, denn die Rahmenbedingungen hätten nicht besser sein können, sodass einem scherzhaft die Metapher von einem gemachten Nest in den Sinn kommen könnte. Wer sich allerdings mit der Gastronomie auskennt, der weiß, dass sich die beiden mit der Villa einem Mammutprojekt angenommen haben. Das neue Gourmetrestaurant „Schwingshackl Esskultur" war von Anfang an auf sehr hohem Niveau geplant. Die Räumlichkeiten bieten der hohen Kochkunst ein gutes Fundament und besonders auf der windgeschützten Terrasse vermischen sich der Luxus eines noblen Restaurants und der Luxus eines weiten Blicks auf das Panorama der bayrischen Alpen. Die Aussicht hat der Gast natürlich auch von innen und der elegante Speiseraum lässt sich spielend um einen weiteren vergrößern, zudem besteht die Möglichkeit, eine Gesellschaft von bis zu 50 Personen ganz unter sich zu belassen. Auch hier hat der Service direkten Zugang aus der Küche, und für Katharina Krauß liegen auch Weißwein- und Rotweinkeller nicht weit, wo sie Tropfen lagert, die manchmal begleiten, manchmal aber auch den Ton angeben. Die kurzen Wege ziehen sich

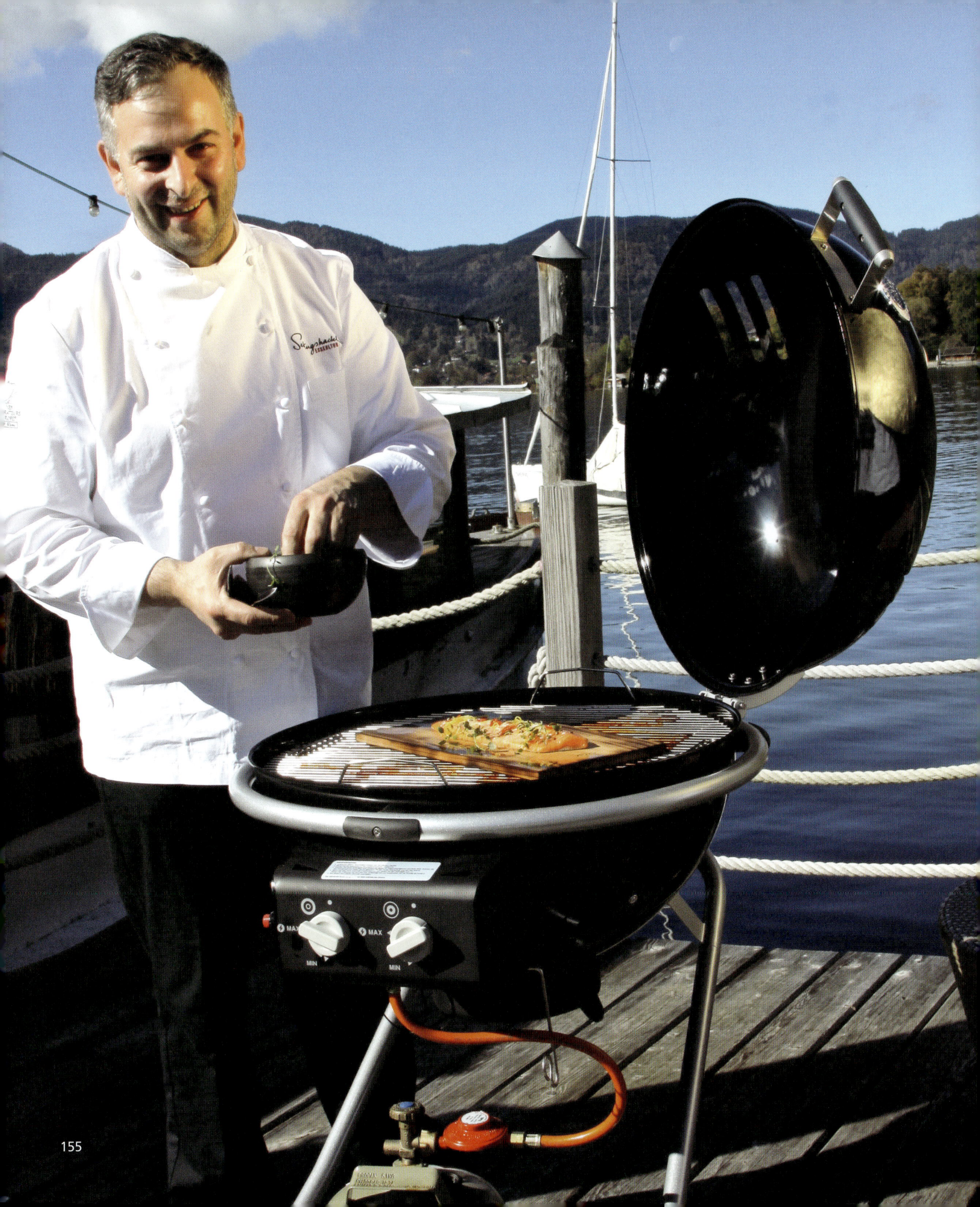
MAX
MIN
MAX
MIN

SCHWINGSHACKLS

durch den gesamten Komplex, den scheinbar jemand geplant hat, der sich mit der Gastronomie sehr gut auskannte. Die Verpackung stimmt so weit, doch dafür verleiht der Guide Michelin keine Sterne. Dafür muss der Koch schon glänzen, und das tut er zweifelsohne. Die Küche von Erich Schwingshackl lässt sich als klassisch französisch angehaucht beschreiben. Mit kreativer Modernität wird sie zu etwas ganz Besonderem. Trotzdem blitzt in seinen Gerichten immer mal wieder die Küche seiner Heimat auf, ohne dass die Südtiroler Küche omnipräsent wäre. Die traditionellen Gerichte funktionieren manchmal als Vorbild für eine Kreation, manchmal sind sie bis zur Unkenntlichkeit weiterentwickelt. Ein waschechter Südtiroler kann und will seine Identität eben nicht verstecken, trotzdem geht Erich Schwingshackl nicht so weit, sich vor anderen delikaten Einflüssen zu verschließen. Er lässt sich von vielen verschiedenen Küchen inspirieren, nicht zuletzt von der niederbayrischen Region und von dem Gewässer, das direkt vor seiner Haustür plätschert. Der Tegernsee dient ihm nicht nur als Wiege des gastronomisch genutzten Schiffs, mit dem Sinn für regionale Produkte greift er auch gerne auf die Arbeit der hier ansässigen Berufsfischerei zurück. Aufgrund der rückläufigen Fischbestände wird diese heute sehr bewusst und nachhaltig betrieben. Dann kann im Sommer schon mal die Küche nach draußen auf den Steg verlegt werden, wo ein Fisch auf Zedernholz gegrillt wird und die Gäste bis tief in die Nacht auf der ausrangierten MS Bad Wiessee sitzen, die heute festgetäut zum Bistro am Seeufer gehört. Das bietet bei schönem Wetter gute Unterhaltung, und wenn die Tage kürzer und die Nächte kälter werden, dann verlagert sich das Entertainment in die Villa. Die Stube bietet auch einfache und gute Gerichte an. Hochzeiten, Geburtstage, Firmenfeiern und Tagungen werden über das ganze Jahr zu einem unvergesslichen Tag und zu einem vollen Erfolg. Zwischen Loungebereich und Pianobar kann ausgelassen gefeiert und getanzt werden. Auch für den Fall, dass es einmal nichts zu veranstalten gibt, bietet die Villa passende Beschäftigungsmöglichkeit. Dann können Gruppen von acht bis zwölf Personen einen Kochkurs buchen, den Erich Schwingshackl in der hauseigenen Kochschule abhält. Die Themen sind so breit gefächert wie die Facetten des Kochs, der bei einem Kurs den Sternekoch, bei einem anderen den Südtiroler gibt. Es findet sich sicherlich für jeden Gast das richtige Thema, das er am heimischen Herd aufgreifen könnte. Für alle, die keine gute Figur am Herd abgeben möchten und trotzdem genießen wollen, gibt Katharina Krauß Einblicke in die Welt der Weine. Die kleine Küche bietet sich außerdem an, bei Veranstaltungen ganz unkompliziert einen Mitternachtsimbiss zu servieren, denn sie liegt gewissermaßen im Zentrum des Geschehens. Dagegen befinden sich etwas abseits, im obersten Stockwerk des Hauses, zwölf Hotelzimmer. Mengenmäßig ist das nicht die Welt, und die Übernachtungsmöglichkeiten zählen nicht zu den wirtschaftlichen Standbeinen des Betriebes. Dennoch wird das Hotel mit genauso viel Liebe und Leidenschaft geführt wie alle anderen Bereiche. Es ist vielmehr als Service für die Gäste zu verstehen, die sich so dunkle Heimwege sparen und am nächsten Tag das ausgezeichnete Frühstück genießen können. Das rückt auch wieder den eigentlichen Kern des Hauses in den Mittelpunkt, denn Erich Schwingshackl ist kein Hotelier, er ist Koch.

Bei den vielen Aufgabenbereichen tut es gut, wenn auch einmal ein Abend frei ist. Dann besuchen Erich Schwingshackl und Katharina Krauß auch gerne andere Gastronomen um den Tegernsee herum. Dabei ist ihnen die Qualität genauso wichtig wie in ihrem eigenen Betrieb. Als die beiden Gastronomen dem Bistro der „Fischerei am Tegernsee" einen Besuch abstatteten, waren sie vom Champagner, aber auch vom Fisch begeistert. Frischer kann der fast nicht sein. Der Champagner schmeckt vermutlich genauso gut wie überall.

ESSKULTUR

158

FISCHEREI AM TEGERNSEE

COOLES MARKETING

Die Fischerei am Tegernsee

Um die Fischerei am und im Tegernsee zu verstehen, wirft man am besten einen kurzen Blick auf das Gewässer als Lebensraum. Mit einer Fläche von 8,9 Quadratkilometern zählt er zwar nicht zu den größten Seen Deutschlands, dafür aber glasklar zu den saubersten. Das Wasser ist sehr nährstoffarm. Zu seinem Schutz und als Reaktion auf die ernst zu nehmende Verschmutzung vor den 1960er-Jahren wurden verschiedene Maßnahmen eingeleitet. Auch wenn die Fischbestände im Laufe der Jahrzehnte immer mal wieder schwächelten, im Großen und Ganzen können sich Berufsfischer und Hobbyangler am Tegernsee nicht beschweren.

Die Fischerei gehört dem Bezirk Oberbayern, der das Gutshaus 1998 zum Schutze des Fischbestands errichtete. Die kontrollierte Entnahme und Züchtung der Tiere sichert bis heute die Artenvielfalt. Fischereimeister Michael Ostermeier, der sich seit einigen Monaten vom Wasser etwas zurückgezogen hat, war maßgeblich daran beteiligt und fungiert heute immer noch als Pächter, verpachtet den See allerdings unter. So kam es, dass die Pächterwohnung über der Fischerei seit Anfang 2014 von Christoph von Preysing bewohnt wird. Michael Ostermeier übergab ihm damit die Verantwortung für den Fisch im Tegernsee. Nun muss von Preysing sich um den Fang, um das Bruthaus, um den Aquadom – das Süßwasser-Aquarium – und um das Bistro kümmern. Diese Aufgaben erfüllt er nicht alleine, sondern mit seinen beiden Partnern, den Fischereimeistern Simpert Ernst, der wohl am ehesten dem klassischen Bild des Fischers entspricht, und Thomas Bayer, der als ausgebildeter Hotelfachmann die Gastronomie organisiert. Wahrscheinlich wäre der Wechsel weniger gut verlaufen, wenn sich alle Beteiligten nicht so sicher gewesen wären, dass es dem See unter der neuen Führung gut geht, was vor allem daran liegt, dass die Mannschaft gar nicht neu ist. Denn die jungen Fischereimeister sind erstklassig ausgebildet und fischen schon ihr halbes Leben im Tegernsee. Trotzdem weht mit ihnen ein frischer Wind.

Heute zeigt sich Christoph von Preysing für den medialen Auftritt und für den großen Verwaltungsapparat zuständig, doch als er im Alter von 15 Jahren die Schule abbrach, dürfte er damit nicht überall Anklang gefunden haben. Er ist am Tegernsee geboren und aufgewachsen und kehrte nach seiner dreijährigen Ausbildung zum Fischwirt mit 18 Jahren dorthin zurück. Fortan fuhr er mit dem alten Fischereimeister auf den See. Damit war die Arbeit aber lange nicht getan, denn bis der Fisch verkauft werden kann, muss er geputzt, gewaschen und manchmal auch geräuchert werden. Dann hat sich der Fischer jedoch noch nicht um den Fortbestand des Fischs – und somit auch um den eigenen – gekümmert. So muss der nachhaltige Fischer von heute auch Teichwirt sein und mit einer Säuglingsstation für Fische sein Einkommen sichern. Das klingt wenig nach Fischerromantik, und das, was sich da in den bayrischen Alpen gerade vollzieht, ist eine völlig neue Präsentation des Fischereiberufs. Etwa 15 gut ausgebildete junge Leute sorgen dafür, dass das Geschäft mit dem Fisch richtig boomt. Mittels Facebook und einem schlauen Imageaufbau der eigenen Marke soll das junge Publikum fangfrischen Genuss und einen Hauch von Luxus mit der Fischerei verbinden. Der Treffpunkt dafür ist das Bistro, das zwar nicht bis in die Abendstunden geöffnet hat, sonst aber alles bietet, was das Herz des Fischliebhabers begehrt. Es gibt ein „Tegernseer Helles" mit Steckerlfisch, der nicht mit dem getrockneten Stockfisch zu verwechseln ist, es gibt aber auch Champagner, Austern und Kaviar, was nun nicht typisch für den Tegernsee ist. Genau diese gesunde Mischung im Angebot spiegeln auch die Gäste des Bistros wieder. Die ältere Dame isst so wie immer ihre Renke am Mittagstisch und wundert sich nur selten über den erfolgreichen Geschäftsmann, der die Korken vielleicht etwas zu früh knallen lässt. Nie wurde so viel teurer Schaumwein an der Fischerei getrunken wie heute. Das Wichtigste ist und bleibt aber der Fisch, und Christoph Preysing und seine Kollegen sehen sich in der Verantwortung, den Folgegenerationen, manchmal ganzen Schulklassen, zu zeigen, dass der Fisch nicht aus dem Tiefkühlregal kommt. Anschauungsmaterial findet sich dafür im Aquarium, das sich durch die Einnahmen im Bistro finanziert. So ist die Vereinbarung mit dem Bezirk Oberbayern, die auch beinhaltet, dass dort lediglich Fischgerichte und selbst gemachter Kuchen verkauft werden dürfen. Mit der Fischerei ergibt sich aber auch die Verpflichtung, den Fischbestand zu sichern und im Bruthaus für Nachwuchs zu sorgen. 2013 waren es 1,5 Millionen Renken und etwa 100.000 bis 200.000 Seeforellen und Saiblinge. Davon werden leider nur drei bis vier Prozent übrig bleiben und wieder gefangen werden. Dieses mühsame und kostenintensive Unterfangen finanziert sich durch den Verkauf von Lizenzen an die immerhin fast 600 Hobbyangler, deren Stammgewässer der Tegernsee ist. Neben eini-

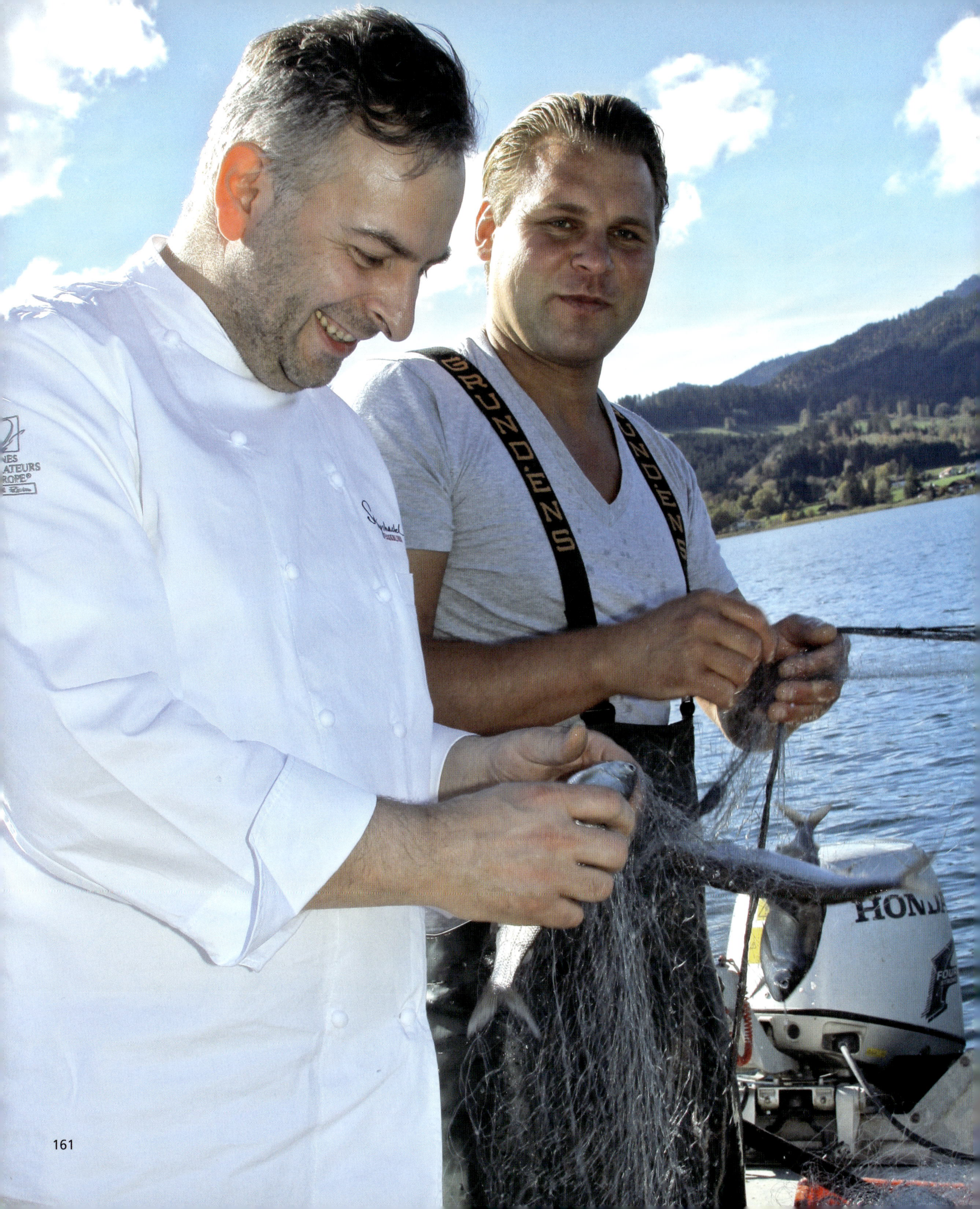
GRUNDÉNS

FETTE BEUTE

gen Ausbrechern, vor ein paar Jahren wurden sogar mal ein paar Störe gefangen, gibt es um die 20 Arten im See. Zugnetze sind hier sichtlich ungeeignet, zu viele kleine und große Äste haben sich im Wasser selbstständig gemacht. Die Fische stört das Treibgut nicht, eher schon die Stellnetze, mit denen insbesondere Saiblinge und Renken gefangen werden sollen. Gegen 18 Uhr werden die Netze rausgefahren und im See platziert. In der Morgendämmerung müssen sie wieder eingeholt werden und geben dann Aufschluss über fette oder nicht so fette Beute. Auch wenn es meistens nicht so aussieht, der Beruf der Fischer ist gefährlich und immer wieder kommen tödliche Unfälle vor. Aus diesem Grund dürfen Lehrlinge immer nur mit Schwimmweste und immer nur zu zweit aufs Wasser. Auch die wissen schon, dass sie keinesfalls Fische aus dem Wasser ziehen dürfen, die noch nicht abgelaicht haben. Deshalb werden die Maschen der Netze, mit denen man es vor allen Dingen auf Renken abgesehen hat, im Verlauf des Sommers immer größer. Dieser Lachsartige gehört neben Seesaibling und Seeforelle zu den beliebtesten Fischen aus dem Tegernsee. Manchmal ist auch mal ein stattlicher Hecht darunter. Weißfische sind vielleicht geschmacklich genauso gut, doch bedeuten sie aufgrund der zahlreichen Gräten einen hohen Aufwand in der Verarbeitung, der nicht mehr in einem annehmbaren Verhältnis zum Nutzen steht. Mit der richtigen Schnitttechnik lassen sie sich aber gut zu Fischpflanzerl verarbeiten.

Zwischen Januar und März legen alle eine kleine Fangpause ein. Dann ist die Wetterlage alles andere als gemütlich, und auch der Fisch ruht sich nach einem anstrengenden Jahr etwas aus. Nach dem Ablaichen ist er dünn und schmächtig und es lohnt sich nicht, ihn zu fangen. Da Fänge aber generell nicht garantiert werden können und nicht nur in den Wintermonaten ausbleiben können, ist der Rückgriff auf eine Zuchtstation, bei der die Qualität des Fischs immer im Vordergrund steht, Gold wert.

Obwohl die Fischer vom Tegernsee ihren Fang ausschließlich mit Stellnetzen erwirtschaften, werfen sie manchmal nur so zum Spaß die Angel aus. Damit lässt sich auch der ein oder andere stattliche Hecht überlisten.

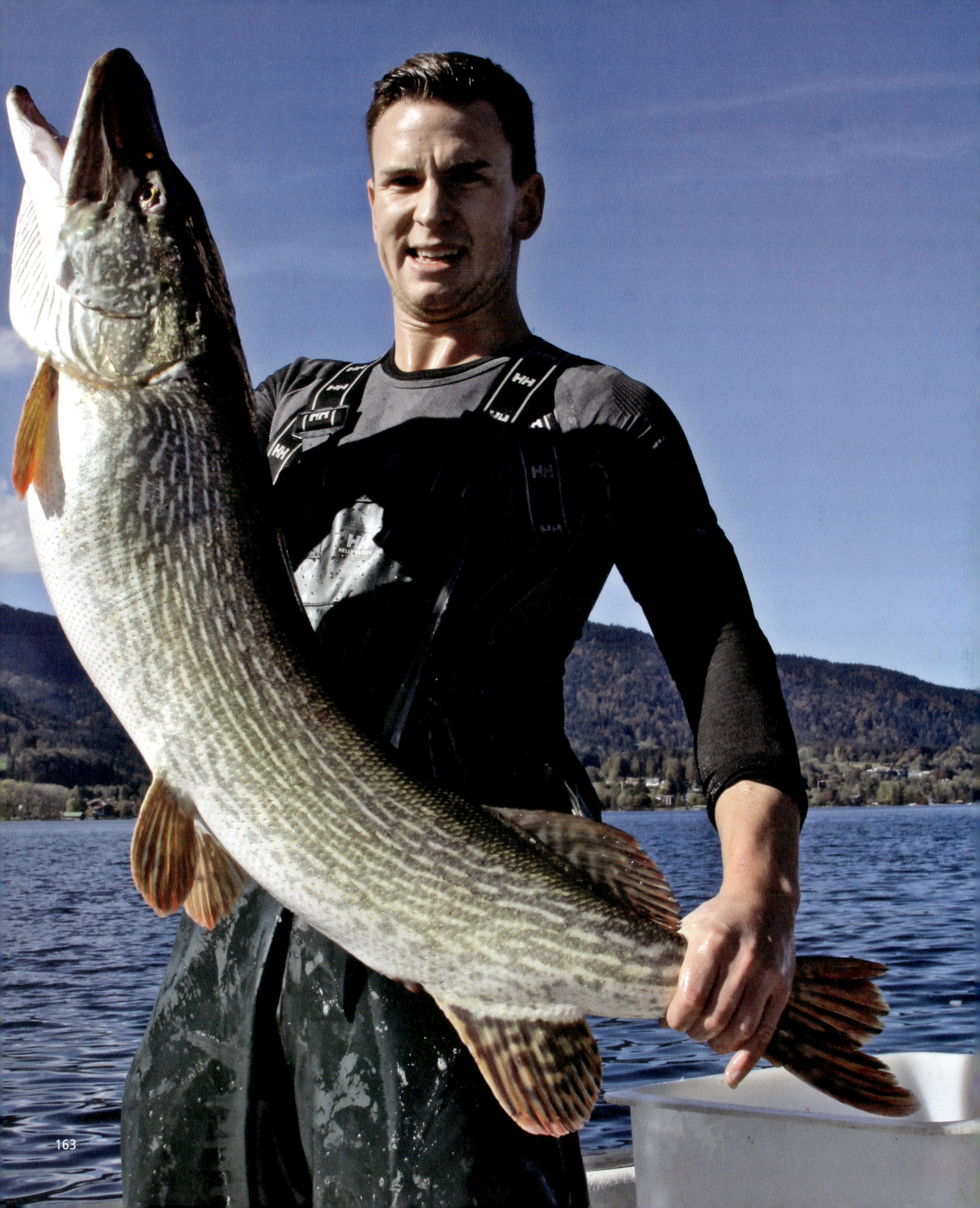

164

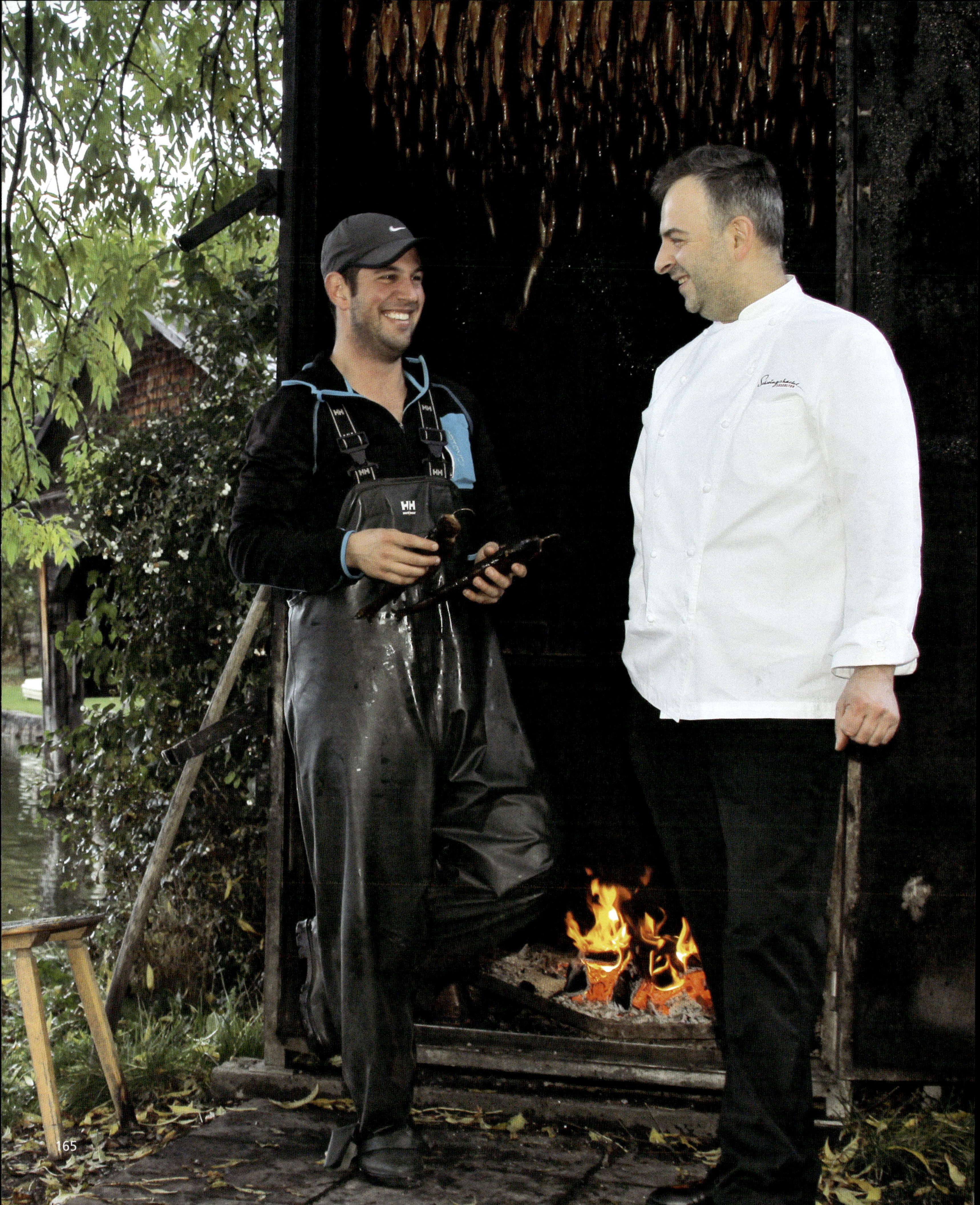

FISCHZUCHT

Die „Herzogliche Fischzucht"

Die Fischzucht in Wildbad Kreuth oberhalb des Tegernsees ist ein Betrieb von Hof und Adel, denn die Teiche, in denen sich Forellen und Saiblinge tummeln, sind immer noch im Besitz der Nachfahren der bayrischen Könige. Genauer gesagt sind sie Eigentum von Herzogin Helene in Bayern, sie selbst kommt aber lediglich hierher, um von dem leckeren Fisch zu kosten. Saibling und Forelle gibt es frisch, geräuchert oder gebeizt. Von einem kulinarischen Geheimtipp ist langsam nicht mehr zu sprechen, denn die betriebszugehörige Gastronomie erfreut sich allergrößter Beliebtheit. Trotzdem bietet die Fischzucht inmitten herrlicher Wanderwege viel Ruhe und die nötige Abgelegenheit, um sich zu entspannen. Im Sommer sitzt man mit Blick auf die Becken draußen, im Winter kann man sich in der urigen Hütte wohlig aufwärmen. Das ist noch nicht lange so. Bis vor etwa zehn Jahren lagen die Becken verschlammt im dunklen Wald. Nachdem Michael Ostermeier darauf aufmerksam geworden war, setzte er die Anlage instand und vermehrte die Tiere unter ordentlichen Bedingungen. Er sorgte für die Reinigung der Teiche, für einen Schnitt an Busch und Baum, auf dass mehr Licht in das Dunkel kam, und verwandelte die trübe Zuchtstation in einen lebendigen Ort. Wer am Tegernsee „Fisch" sagt, der kommt an Michael Ostermeier anscheinend nicht vorbei, denn der alte Fischereimeister möbelte bekanntlich schon die Fischerei am See auf. So langsam, aber sicher zieht er sich allerdings aus allen Geschäften zurück, wohl wissend, dass sich „seine Fische" in guten Händen befinden. Die Pacht der Herzoglichen Fischzucht Wildbad Kreuth gab er schon 2007 an den gelernten Fischwirt Alexander Wiemann ab. Dieser stammt aus Deutschlands Westen und war eigentlich nur für die Zeit seiner Ausbildung an das „Staatliche Berufliche Zentrum Starnberg" gekommen. Mit dem Angebot, an der Fischzucht mitzuwirken, war der Hauptwohnsitz in Oberbayern unvermeidbar. Er hat es bis heute nicht bereut, denn er betreibt das Konzept der Teichwirtschaft mit angeschlossener Gastronomie aus Leidenschaft, und zwar ganz im Sinne von Michael Ostermeier, für den immer der Fisch an erster Stelle stand, denn die Tiere sind es schließlich, die alles andere erst möglich machen.

Die Becken der Anlage werden vom Wasser einer nahe gelegenen Quelle durchflossen, was für die Fische einzigartige Voraussetzungen bedeutet. Diese naturnahen Bedingungen verlangen aber sehr viel Sorgfalt, wenn der Fisch und am Ende der Fischliebhaber davon profitieren sollen. Das beginnt schon bei der Entscheidung, welcher Fisch zur Zucht geeignet ist. Hat Alexander Wiemann passende Rogener und Milchner gefunden, werden die Eier im Bruthaus der Fischerei am Tegernsee ausgebrütet. Die Kooperation der beiden eigenständigen Fischbetriebe besteht seit vielen Jahren und bietet für alle die nötigen Vorteile. Die Brütlinge werden zum Teil von den Fischern im Tegernsee ausgesetzt, zum anderen Teil bedeuten sie die nächste Generation, die in den Becken der Herzoglichen Fischzucht heranwächst. Dabei müssen zwei Dinge besonders beachtet werden, denn wie sich jeder vorstellen kann, bleibt auch das reinste Wasser nicht lange rein, wenn die Anzahl der Beckenbewohner eine natürliche Population übersteigt. Um die Sauberkeit des Wassers zu bewahren, achtet Alexander Wiemann sehr genau darauf, nicht zu viele Fische einzusetzen. Das erhält die gute Wasserqualität und vermeidet Gedränge, das auch Fische als nicht besonders angenehm empfinden. In Kreuth kommen auf einen Kubikmeter Wasser lediglich 20 bis 40 Kilogramm Fisch. Andere Fischzüchter setzten locker die dreifache Menge ein. Das hat oft zur Folge, dass sich die gestressten Tiere gegenseitig verletzen und nicht mehr zum Verkauf geeignet sind. Wenn also die Faktoren Wasser und Besatzmenge stimmen, dann kann der Fischwirt auf medizinische Zusätze im Futter verzichten, was wiederum zum guten Geschmack der Tiere beiträgt. Der Fisch wächst also weitestgehend unbelastet auf. Es dauert etwa ein bis zwei Jahre, bis er von den Mitarbeitern der Fischzucht mit dem Kescher sehr vorsichtig abgefischt wird, und auch zur weiteren Verarbeitung verlässt er die Anlage nicht. Unmittelbar vor Ort wird der Fisch durch Beizen oder im Räucherofen, der eher einem Räucherhaus entspricht, konserviert und im Geschmack veredelt. So bleibt alles in einer Hand. Ab Hof wird der Fisch allerdings auch fangfrisch angeboten und so manch ein Ausflügler nimmt sich ein kleines Stück von der Herzoglichen Fischzucht mit nach Hause. Besonders freut sich der Teichpächter darüber, dass viele Einheimische zu seinen Kunden zählen. Darunter befinden sich nicht nur Privatpersonen, sondern auch zahlreiche Küchenchefs der umliegenden Restaurants. Das ist für ihn ein Qualitätskriterium, das in besonderem Maße zählt.

VON ADEL

Fischimbiss

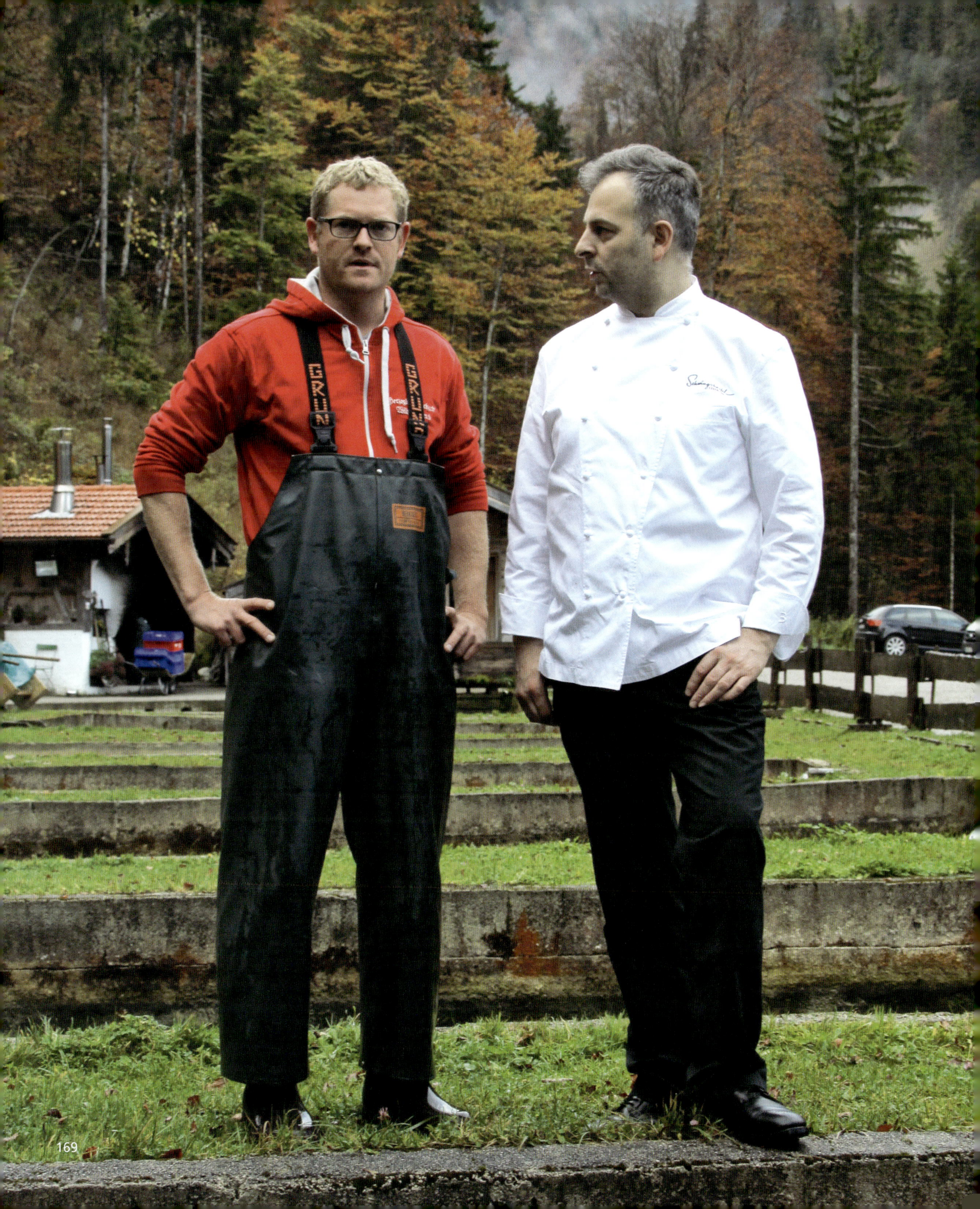
GRUN
GRUN

SALTIMBOCCA
VOM TEGERNSEER HECHT

Technik und Equipment
Rösle-Kugelgrill • Grätenzange • Grillzange • Grillhandschuh • Wende-Grillplatte • Grillrost • Holzkohle • direkte Hitze

Rezept für 2 Personen
400 g Hechtfilet ohne Haut • 4 Scheiben Südtiroler Speck • 4 frische Salbeiblätter • 10 reife Kirschtomaten • Fleur de Sel • Pfeffer • Zucker • Olivenöl

Den Grill anfeuern. Das Hechtfilet mit einer Grätenzange von den Gräten befreien und in 2 Portionen à 200 g schneiden. Mit Fleur de Sel und Pfeffer leicht würzen. Auf den gewürzten Hecht je 2 Blätter Salbei geben und anschließend alles mit dem Südtiroler Speck ummanteln, sodass der Speck an der Unterseite überlappt. Die Kirschtomaten mit einem kleinen Messer vom Strunk befreien und anschließend bei starker Hitze auf den Grill legen, bis sie langsam aufplatzen. Dann vom Grill nehmen, in eine Schüssel geben, mit etwas Fleur de Sel, Pfeffer und Zucker würzen und etwas Olivenöl dazugeben. Den Hecht mit der Unterseite zuerst auf den Grill legen und 5 bis 6 Minuten grillen, sodass sich der Speck nicht löst. Dann den Hecht wenden und nochmals 3 bis 4 Minuten von der anderen Seite grillen, bis er außen schön knusprig und im Kern gerne etwas glasig ist.

Anrichten: die Kirschtomaten mit entstandenem Fond auf einen Teller geben und das Saltimbocca ansetzen. Zur Dekoration evtl. Salbeiblätter in etwas Pflanzenöl ausbacken.

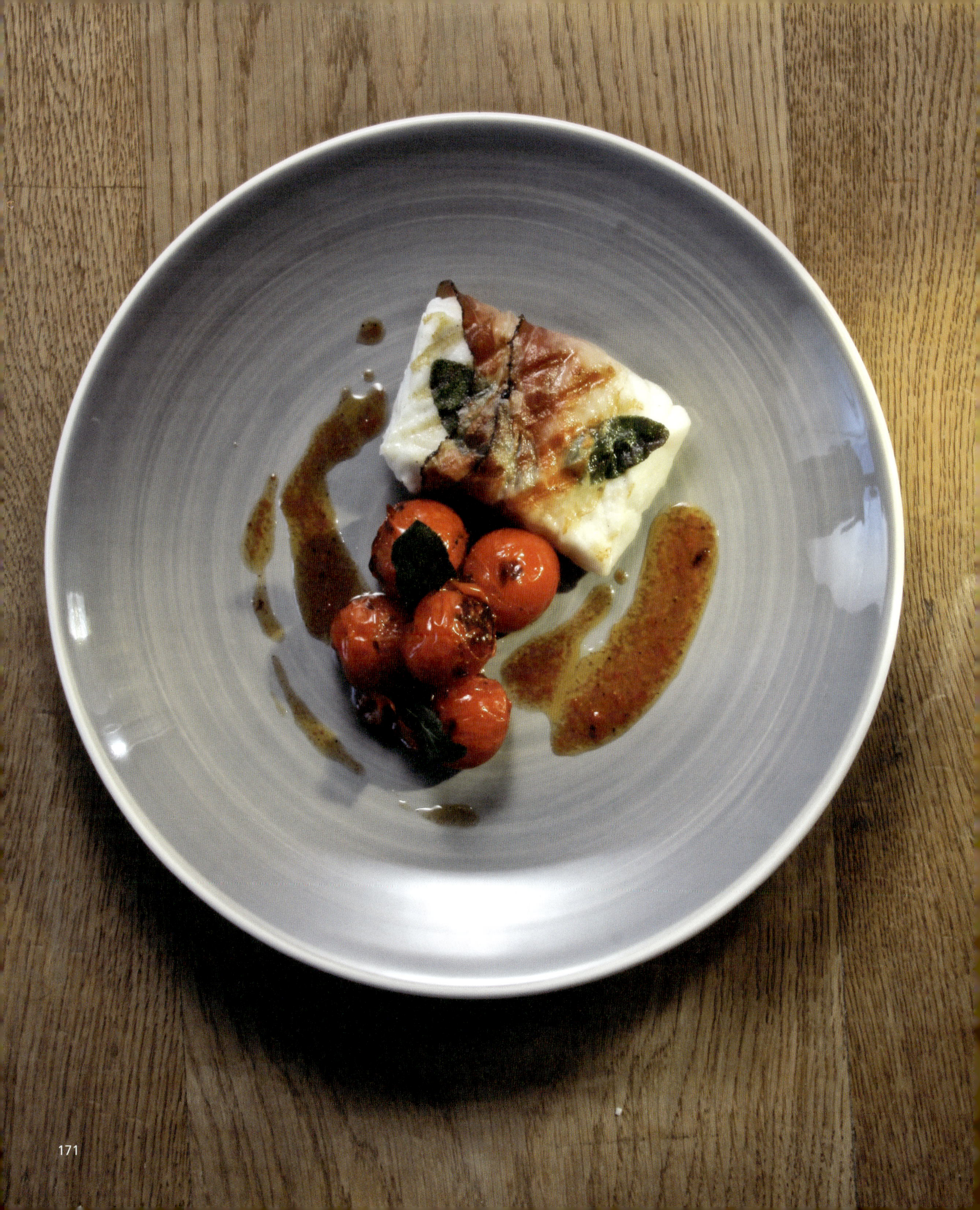

TEGERNSEER SAIBLING AUF DEM HOLZBRETT

Technik und Equipment
Rösle-Kugelgrill • Aroma-Planke aus Zedernholz • Grillrost • Grillhandschuh • Holzkohle • indirekte Hitze

Rezept für 2 Personen
3–4 Thymianzweige • 2 Stängel Blattpetersilie •
1 Saiblingsfilet ohne Gräten, ca. 300 g • Zesten von 1 unbehandelten Zitrone • 1/2 Chilischote • Fleur de Sel • frisch zerstoßener Pfeffer • 1 EL kalt gepresstes Olivenöl • Olivenöl für das Brett

Das Zedernholzbrett etwa 2 Stunden in kaltem Wasser einweichen. (Es sollte dabei aber möglichst vollständig unter Wasser liegen, deshalb beschwert man es am besten mit einer Wasserflasche oder einem Kochtopf.) Den Thymian und die Blattpetersilie gut waschen und wieder trocken schütteln. Die Chilischote grob schneiden, dabei die Kerne entfernen. Das Saiblingsfilet dann mit etwas Olivenöl bepinseln und mit Thymian, Blattpetersilie, Chili und den Zitronenzesten einreiben und abgedeckt ca. 30 Minuten marinieren lassen. Das Zedernholzbrett ca. 20 Minuten vor dem Grillen aus dem Wasser nehmen und an der Luft leicht antrocknen lassen. Wenn die Oberfläche angetrocknet ist, mit Olivenöl bepinseln, den Saibling mit den Kräutern auf das Zedernholzbrett legen und mit Fleur de Sel und Pfeffer gut würzen. Den Grill auf etwa 120° C vorheizen. Den Saibling in die Mitte des Rostes legen und 10 bis 15 Minuten bei indirekter Hitze garen. Die optimale Kerntemperatur liegt bei 40 bis 45° C.

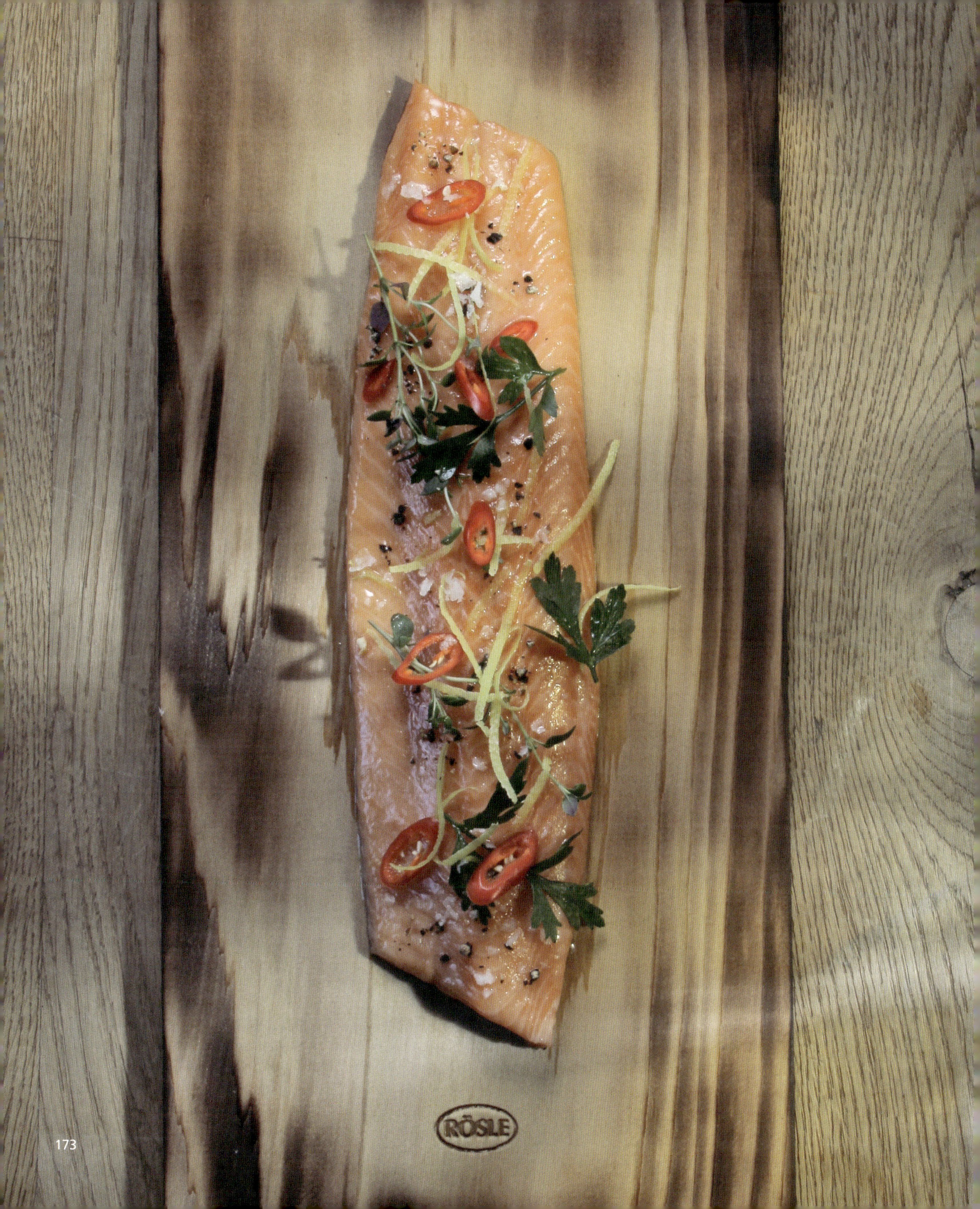

BACHKREBSE AUS DEM TEGERNSEE MIT GRÜNEM SPARGEL UND TOMATE

Technik und Equipment
Rösle-Kugelgrill • Grillzange • Grillhandschuh • Wende-Grillplatte • Grillrost • Holzkohle • direkte Hitze

Rezept für 2 Personen
6 Bachkrebse, lebend • 4 Stangen grüner Spargel • 2 Fleischtomaten • helles Wurzelgemüse (Weißes vom Lauch, Sellerie, Schalotte) • Tomatenessig • Olivenöl • Salz • Pfeffer • Kresse zum Garnieren

Für die Bachkrebse einen Fond aus hellem Wurzelgemüse ansetzen und zum Kochen bringen. Die Bachkrebse in den kochenden Fond geben, Topf von der Platte nehmen und die Krebse 3 bis 4 Minuten ziehen lassen. Dann herausnehmen, in Eiswasser abschrecken und anschließend ausbrechen.
Die Tomaten an der Seite ohne Stielansatz am Boden kreuzförmig einschneiden und in kochendem Salzwasser ca. 5 Sekunden blanchieren. Sofort in Eiswasser abschrecken und die Haut abziehen. Das Kerngehäuse herausschneiden und in einem Sieb gut ausdrücken. Aus dem entstandenen Fond mit etwas Tomatenessig, Olivenöl, Salz und Pfeffer eine Vinaigrette anrühren. Den grünen Spargel nur an der Unterseite abschneiden und zu ca. 1/3 schälen. Im Anschluss den Spargel mit Salz und Pfeffer würzen und etwas Olivenöl darübergeben. Den Grill auf mittlerer Hitze vorheizen und den grünen Spargel von jeder Seite 3 bis 4 Minuten direkt grillen und dann die Temperatur reduzieren. Die Bachkrebse nur leicht mit Salz und Pfeffer würzen und kurz auf dem Grill wieder erhitzen.
Anrichten: den lauwarmen Spargel in 3 Stücke schneiden, mit den halbierten Tomatenfilets und den gegrillten Bachkrebsen anrichten, mit der Tomatenvinaigrette marinieren und mit der Kresse dekorieren.

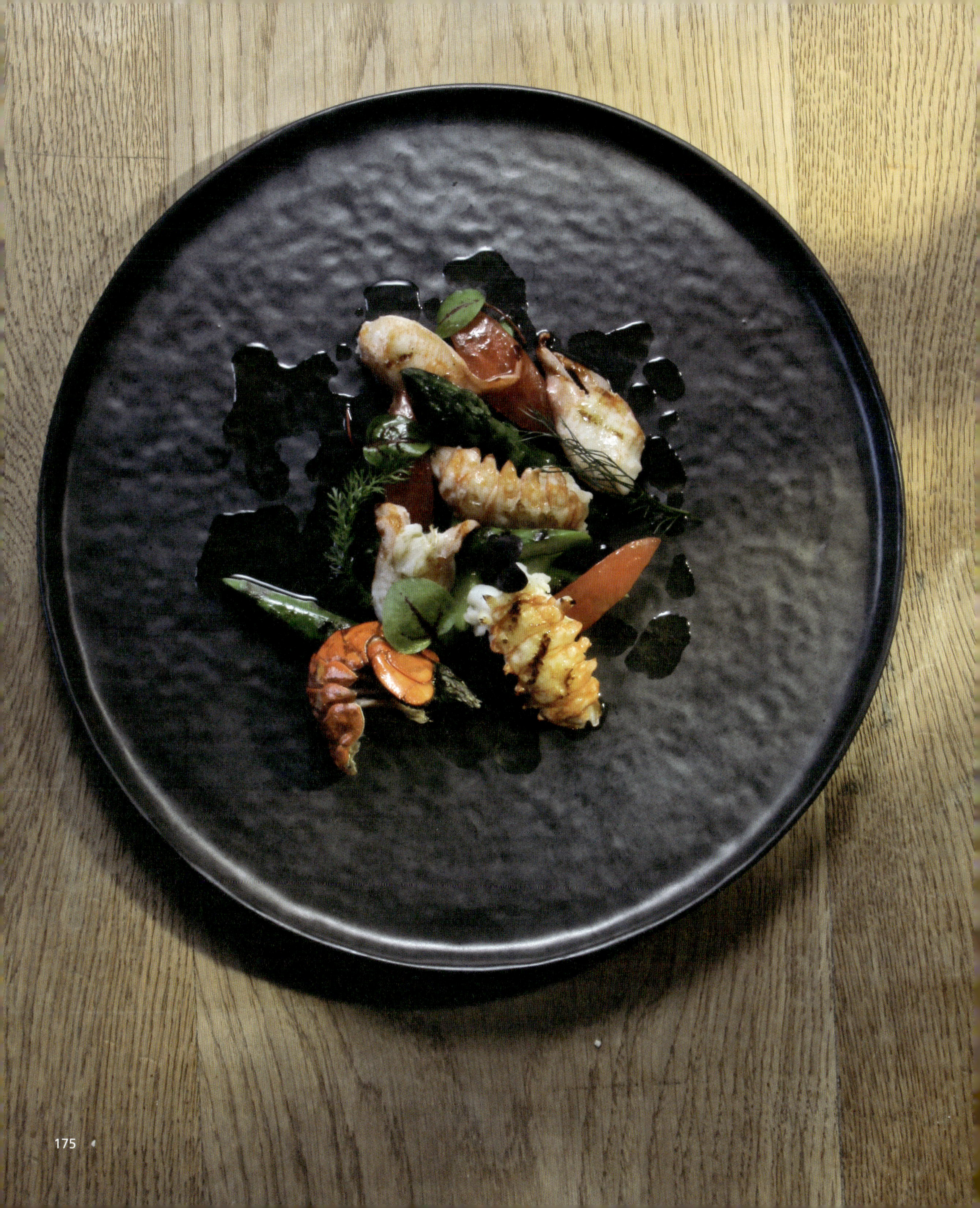

IN HEU GEBEIZTES FLANK STEAK

Technik und Equipment
Rösle-Kugelgrill • Grillzange • Grillhandschuh • Grillrost • Holzkohle • direkte Hitze

Rezept für 2 Personen
Rote Bete: 4 Knollen frische Rote Bete • 500 g Zucker • 500 g Weißweinessig • 500 ml Wasser • Salz • Kümmel • 2 Lorbeerblätter • **Flank Steak:** 600 g Flank Steak • Heu vom Bauern • 2 TL Salz • 1 TL Zucker • 1 Msp. Brotklee aus Südtirol • Estragonessig • Butter • 1 Stange frischer Meerrettich • Blutampfer

Rote Bete: Rote Bete waschen und mit etwas Salz, Kümmel und Lorbeer in kaltem Wasser aufsetzen und mit Deckel zum Kochen bringen. Während des Kochens immer wieder den Garzustand der Rüben mit einem kleinen Messer prüfen. Wenn sich die Rote Bete von alleine wieder vom Messer löst, lässt man sie ausdampfen und kann sie dann problemlos schälen. Nach dem Schälen die Rote Bete in ein Einmachglas geben. Zucker mit Essig und Wasser in einem Topf erhitzen, bis sich der Zucker aufgelöst hat. Fond über die Rote Bete gießen, sodass diese vollkommen davon bedeckt sind. Nun das Glas verschließen und auskühlen lassen. Die Rote Bete einige Tage im Voraus zubereiten, dadurch verstärkt sich ihr Geschmack.

Flank Steak: Das Flank Steak von überschüssigem Fett und Sehnen befreien und mit der Beize aus Salz, Zucker und Brotklee einreiben. Auf einem Blech das Fleisch von unten und oben mit Heu bedeckt und mit Folie abgedeckt ca. 2 Stunden im Kühlschrank marinieren. Anschließend das Fleisch vom Heu befreien und kurz abspülen. Den Grill gut vorheizen und das Flank Steak von beiden Seiten ca. 2 Minuten scharf grillen und anschließend im auf 120° C vorgeheizten Backofen noch 10 bis 12 Minuten weitergaren, bis eine Kerntemperatur von 54° C erreicht ist. Das Fleisch in Alufolie kurz ruhen lassen.
In der Zwischenzeit die Rote Bete in Scheiben schneiden. Den Fond mit etwas Estragonessig um die Hälfte reduzieren, mit etwas kalter Butter zum Schluss aufmontieren und mit Salz und Pfeffer würzen. Den aufmontierten Sud zum Marinieren der Roten Bete verwenden. Das Fleisch gegen die Faser in dünne Scheiben schneiden und auf der Roten Bete verteilen. Zum Schluss den Meerrettich mit einem Messer grob auf den Teller schaben und mit etwas Blutampfer garnieren.

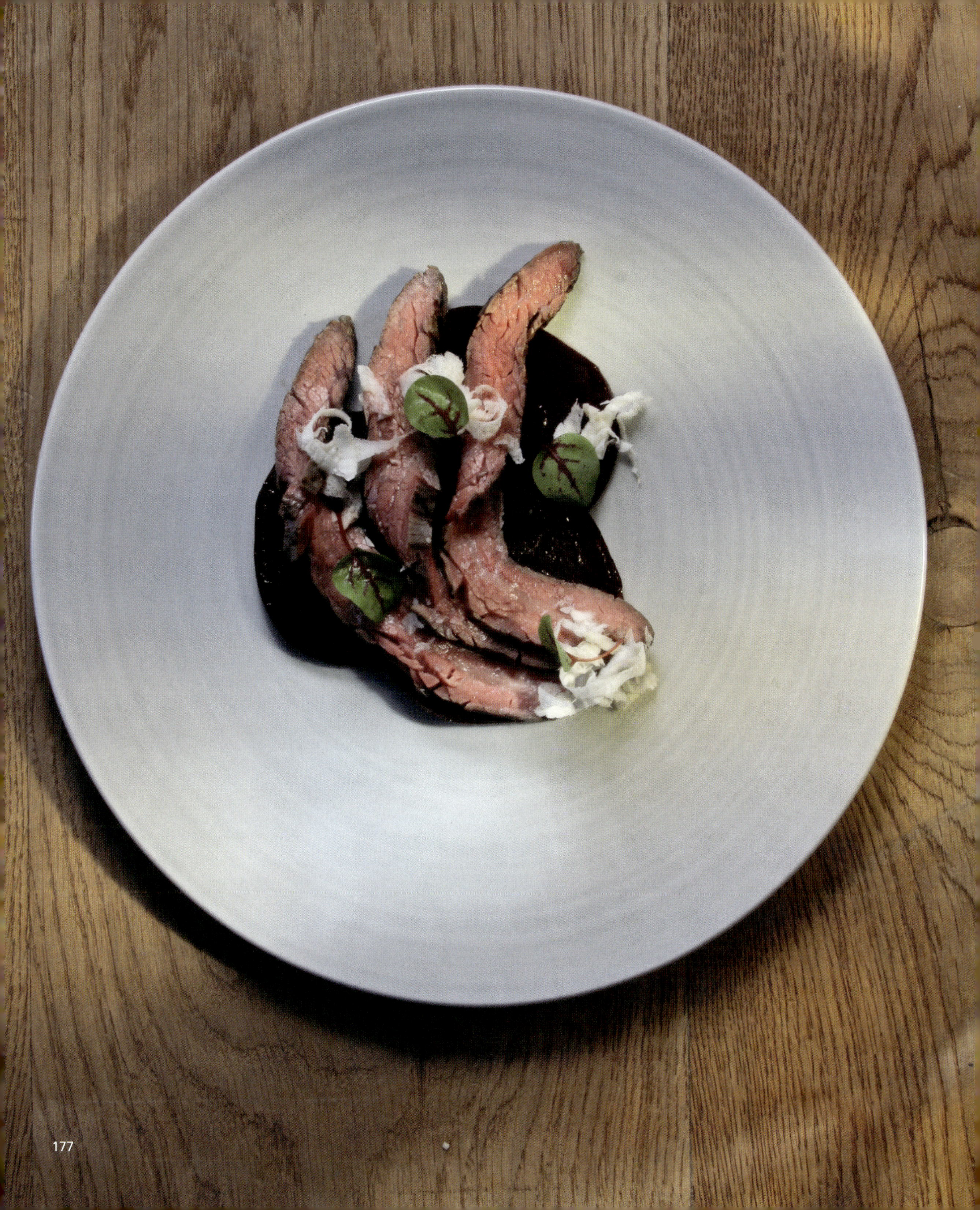

VON SAGENUMWOBENEN RINDVIECHERN UND
EINEM ROCKENDEN KOCH AUS DEM BAYERISCHEN WALD

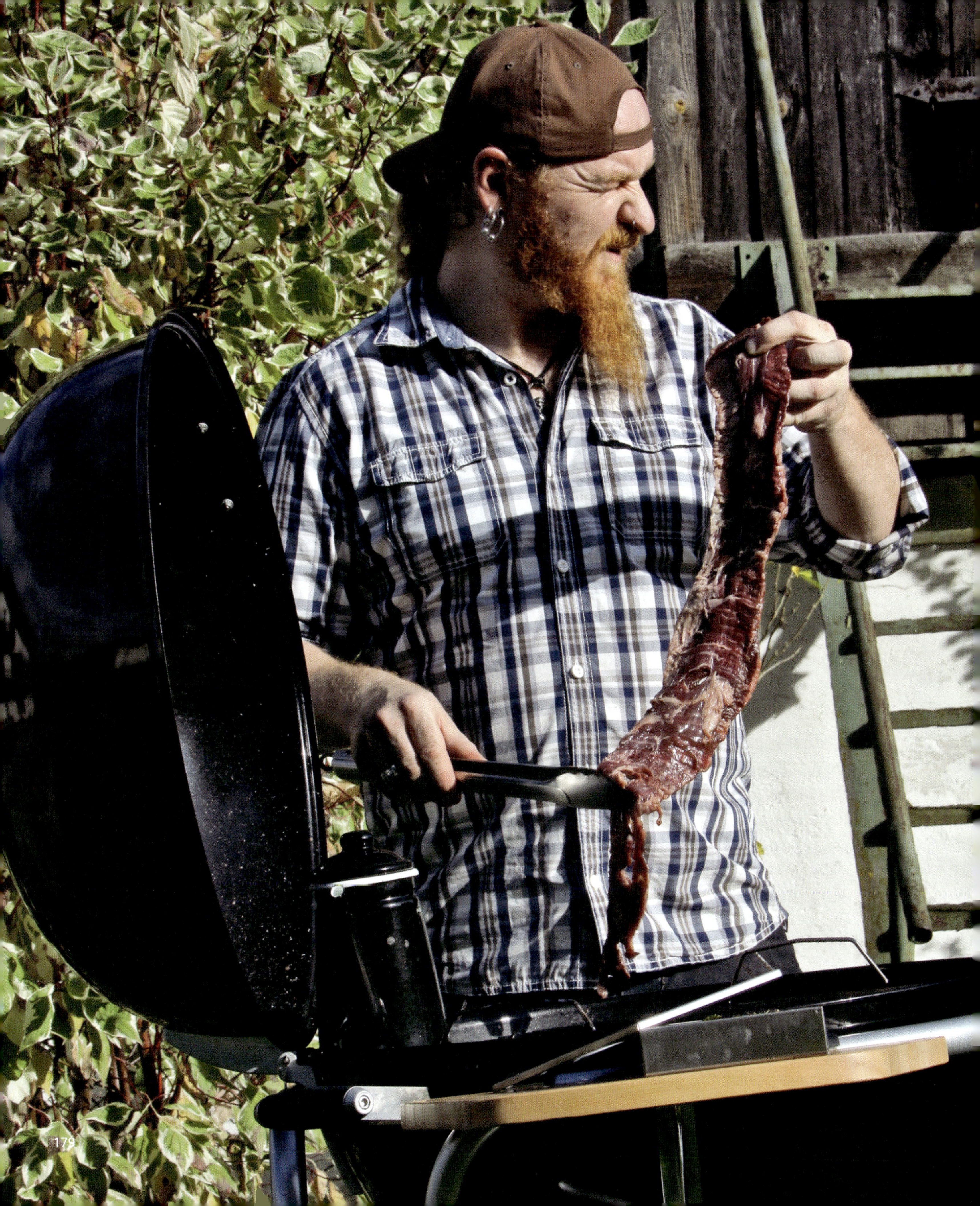

FEUER, FLEISCH

Viele kennen ihn aus dem Fernsehen, den sympathischen Koch mit dem Spitzbart. Wir besuchen ihn privat auf seinem Hof Schergengrub, 70 Kilometer östlich von Regensburg. Dort lernen wir nicht nur, was es bedeutet, das außergewöhnlichste Rind der Welt zu halten oder Fleisch von bester Qualität herzustellen, sondern außerdem, dass ein Heavy-Metal-Musiker es privat auch gerne mal romantisch mag.

Rockmusik im Bayerischen Wald

Lucki, Ludwig Maurer, wie er mit bürgerlichem Namen heißt, sieht nicht gerade aus wie ein typischer Bursche aus dem Lederhosen tragenden Süden unserer Republik. Eher wie die Kreuzung aus Metallica-Sänger James Hetfield und einem Texaner der Marke ZZ Top. Nur deutlich jünger ist der Lucki. Wenn er nicht gerade die Metal-Kutte trägt oder mit seiner Band „Seasons in Black" on Tour ist, dann frönt er seinen anderen beiden großen Leidenschaften: dem Kochen und der Rinderzucht. Denn er ist nicht nur ausgebildeter Küchenmeister, sondern auch Bio-Landwirt und züchtet auf dem heimischen Hof Wagyu-Rinder. Aufgewachsen ist Lucki Maurer im Bayerischen Wald, wo seine Eltern das Hotel-Restaurant „Waldschlößl" in Neukirchen beim Heiligen Blut mit angeschlossenem Bauernhof führten, heute ein bekanntes Wellness-&-Fitness-Resort. Als Jugendlicher machte er eine Ausbildung zum Koch und sammelte Erfahrungen in diversen Restaurants und Hotels, bevor er in die Heimat zurückkehrte. Dann traf er auf den populären Stefan Marquard, der prompt zu seinem kulinarischen Ziehvater wurde. Zehn Jahre war Lucki daraufhin fester Bestandteil der „Jolly Roger Cooking Gang", die als Caterer Messen und Roadshows bekochte. 2005 gründete er sein eigenes Cateringunternehmen, „Meating Point by Ludwig Maurer". Am intensivsten widmet er sich aber der Zucht und Pflege seiner besonderen Rinder. Immerhin besitzt er auf 50 Hektar über 60 Stück.

Zu Hause auf dem Hof

Schon lange ist Lucki Maurer Chef auf Hof Schergengrub, der einst dem Großvater gehörte, und ebenso lange legt er auch Wert auf eine nachhaltige Tierzucht. Doch bevor Lucki begann, sich mit den Wagyus zu beschäftigen, widmete er sich der ökologischen Züchtung einer eigenen Lammrasse, den Schergengruber Lämmern. Lammfleisch als Importprodukt, diesem kulinarischen Trend wollte er mit seiner Bio-Zucht entgegenwirken, denn vor allem die Sternegastronomie bezog Lammfleisch überwiegend aus dem Ausland.

Wenn man ihn danach fragt, gibt er gerne zu Protokoll: „Es ist doch komisch, dass wir die Lämmer für die Top-Gastronomie aus Neuseeland oder Frankreich einführen und die Tiere aus heimischen Gefilden zumeist am Dönerspieß landen!" Und damit hat er recht – auch wenn vielleicht nicht alles im Döner landet, was hierzulande an Schafen gezüchtet wird. Er erzielte gute Erfolge mit dem Fleisch seiner Schergengruber Lämmer, und auch die anspruchsvolle gehobene Gastronomie war zunehmend interessiert. Doch mit der Zeit wurde die Zucht zu aufwendig, denn „was die in Neuseeland und Frankreich mal eben nebenher machen, ist in Deutschland große Arbeit".

2007 orientierte er sich daher aus wirtschaftlichen Gründen um, gab seine Lämmchen ab, investierte eine halbe Million Euro für Um-, Anbau und Modernisierung seines Hofes und konzentriert sich seither zu 100 Prozent auf die Haltung von Wagyu-Rindern aus einer belgischen Edelzucht, „ausschließlich Ochsen, keine Bullen, gelegentlich auch mal eine Färse". Als eine Marktlücke erschien ihm die Idee, jene auf rein biologisch zertifizierte Weise zu halten, und so war es auch. Bis dato gab es keinen vergleichbaren Betrieb in ganz Europa. Zusätzlich ist Lucki Mitglied bei Slow Food, der internationalen Bewegung, die eine verantwortliche Landwirtschaft sowie artgerechte Viehzucht fördert und sich für die Bewahrung regionaler Geschmacksvielfalten einsetzt.

Wagyus – speziell und individuell

Wagyu bedeutet übersetzt „japanisches Rind" und steht als Oberbegriff für japanische Schwarzrinderrassen wie beispielsweise Okayama oder Shimane. Auch das reinrassige Tajima-Rind zählt dazu, uns besser bekannt als Kobe-Rind. Diesen Namen darf ein Rind allerdings nur tragen, wenn es auch in der gleichnamigen südjapanischen Region aufgewachsen, gezüchtet und geschlachtet worden ist (ähnlich dem Prinzip von Champagner), ein Zertifikat gibt die Garantie. Außerhalb dieses Gebietes trägt die Rinderrasse daher ebenfalls den Namen Wagyu. Schon immer schützten die Japaner diese wertvollen Exportgüter, in den 1990er-

UND HEAVY METAL

EIN TIERISCHER LUXUS

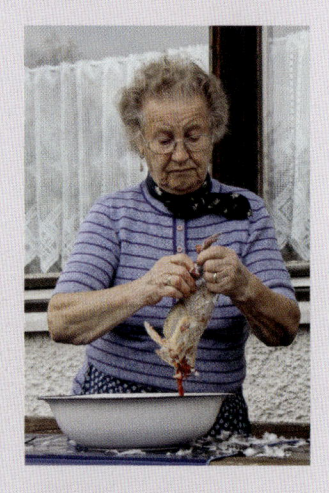

Jahren lockerte das Land aus wirtschaftlichen Gründen allerdings das Ausfuhrverbot für kurze Zeit und einige wenige Wagyu-Rinder wurden zu Forschungszwecken in die USA importiert. Eine kleine Gruppe amerikanischer Landwirte kreuzte daraufhin ihre eigene Rasse mit den japanischen Wagyus und erschuf so eine ganz neue Rasse, die American Wagyus. Seitdem gibt es immer mehr Züchtungen dieser Art, nicht mehr nur in Amerika, sondern weltweit. Optisch erinnern sie an die schottische Rinderrasse Angus.

Das Fleisch dieser Rinder gilt als das exklusivste und teuerste der Welt, und auch wenn die Wagyus außerhalb Japans keine reinrassigen Rinder sind, wartet ihr Fleisch dennoch mit kaum einer minderen Qualität auf als das ihrer bekannten Verwandten. So wertvoll und im Geschmack so außergewöhnlich wird es vor allem durch die besondere Marmorierung der feinen Fettsehnen, die das Fleisch gleichmäßig durchziehen.

Sagenumwoben

Und so außergewöhnlich wie dieses Fleisch ist, sind wohl auch die Mythen, die dem Rind Kobe und Wagyu anhaften. Es heißt, dass nur durch die Einhaltung dreier besonderer Zuchtkriterien solch ein authentisches Qualitätsfleisch entstehen kann: Eine Beschallung der Tiere mit vorzugsweise klassischer Musik soll jene entspannen, ja ihnen helfen, einfach mal abzuschalten. Zusätzliche Massagen von bis zu drei Stunden täglich – ab und an mit Sake, dem japanischen Reiswein – begünstigen diesen Zustand der absoluten Gelassenheit, lassen gleichzeitig diese besondere Fettmarmorierung im Fleisch entstehen und das Fell glänzen. Eine zusätzliche Fütterung mit Bier regt angeblich den Appetit an.

Einige Wagyu-Züchter halten sich an diese Eigentümlichkeiten, verfolgen sie streng und ausnahmslos. Andere wiederum, unter ihnen auch Lucki Maurer, lassen sich gerne von ihnen inspirieren, den Tieren ein noch besseres Leben zu bieten, adaptieren hier und da gelegentlich einen Punkt, sprechen sich aber im Großen und Ganzen davon frei. „Also in meinem Rinderstall läuft keine klassische Musik, sondern nur Reggae und Country, und das nur, weil ich das gerne bei der Arbeit höre. Ich massiere meine Wagyus auch nicht, dafür ist ja gar keine Zeit. Ich hab elektrische Bürsten im Stall hängen, da können sie drunter, wann sie wollen. Das lieben meine Rinder, vor allem im Sommer, wenn die Fliegen kommen." Luckis Wagyus wissen, wie das System funktioniert. Sie stupsen die Bürste leicht an und können eine 30-sekündige Massage genießen, „dann steht auch schon das nächste Rind bereit". Bier und Sake gibt es auf dem Schergengruber Hof nicht, zumindest nicht für die Tiere.

Quality Meat

Wie immer bei qualitativ gutem Fleisch spielen aber mehrere Faktoren eine wichtige Rolle für den außergewöhnlichen Geschmack des Produktes. Maurers Wagyu-Rinder genießen im Gegensatz zu vielen ihrer Artgenossen ein Höchstmaß an Auslauf auf den Weiden des Gehöfts. Stressfrei und der Natur so nah, fehlt es ihnen an nichts. Dort finden sie auch den Großteil ihrer Nahrung. Denn an dem reichhaltigen Grünland können und sollen sie sich gerne satt fressen – eine ganzjährige Weidehaltung begünstigt diese Art der Fütterung –, ab und an gibt es eine Portion Bio-Malz sowie etwas frisches Heu extra. Für die Rinder bedeutet das, dass sie auch in den Fressgenuss spät aussamender Gräser und Kräuter kommen, die ihnen bei einer konventionellen Haltung entgehen würden. Ein Umstand, der sich im charakteristisch aromatischen Geschmack des Fleischs dieser Rinder dezent niederschlägt. Allzeit verfügbar sind die Tiere aber nicht, denn auf Hof Schergengrub wird nicht gemästet. Die Kälber werden mit dem Verfahren der Mutterkuhhaltung aufgezogen, die männlichen Tiere kastriert und erst geschlachtet, wenn sie mindestens vier Jahre alt sind sowie ein Minimalgewicht von 450 Kilogramm besitzen. Und daran will Lucki Maurer nichts ändern.

Respekt und Prinzipien

Auch in anderen Bereichen seines Lebens hat Lucki seine persönlichen Prinzipien. Geschäftlich stehen dabei die Liebe zu Betrieb und Tier, aber auch der Respekt, den er als Züchter seinen Rindern entgegenbringt, im Vordergrund. Und genau deshalb achtet Lucki Maurer sehr genau darauf, an wen er seine Tiere verkauft. Menschen, die sich bewusst sind, was für ein besonderes Produkt sie erwerben, sind seine Abnehmer. Es steckt eben zu viel Arbeit, Leidenschaft und Herzblut in der Züchtung seiner Wagyu-Rinder, als dass Lucki es mit seinem Gewissen vereinbaren könnte, diese Tiere wahllos zu verkaufen. Geschlachtet und zerlegt werden sie auf Hof Schergengrub, der Vertrieb geschieht hauptsächlich in der direkten Vermarktung, ohne Zwischenhändler: „Oft fahre ich dann selbst mit dem Kühlauto los und bringe das Fleisch zu den Restaurants und den Kunden." Lucki hat sich im

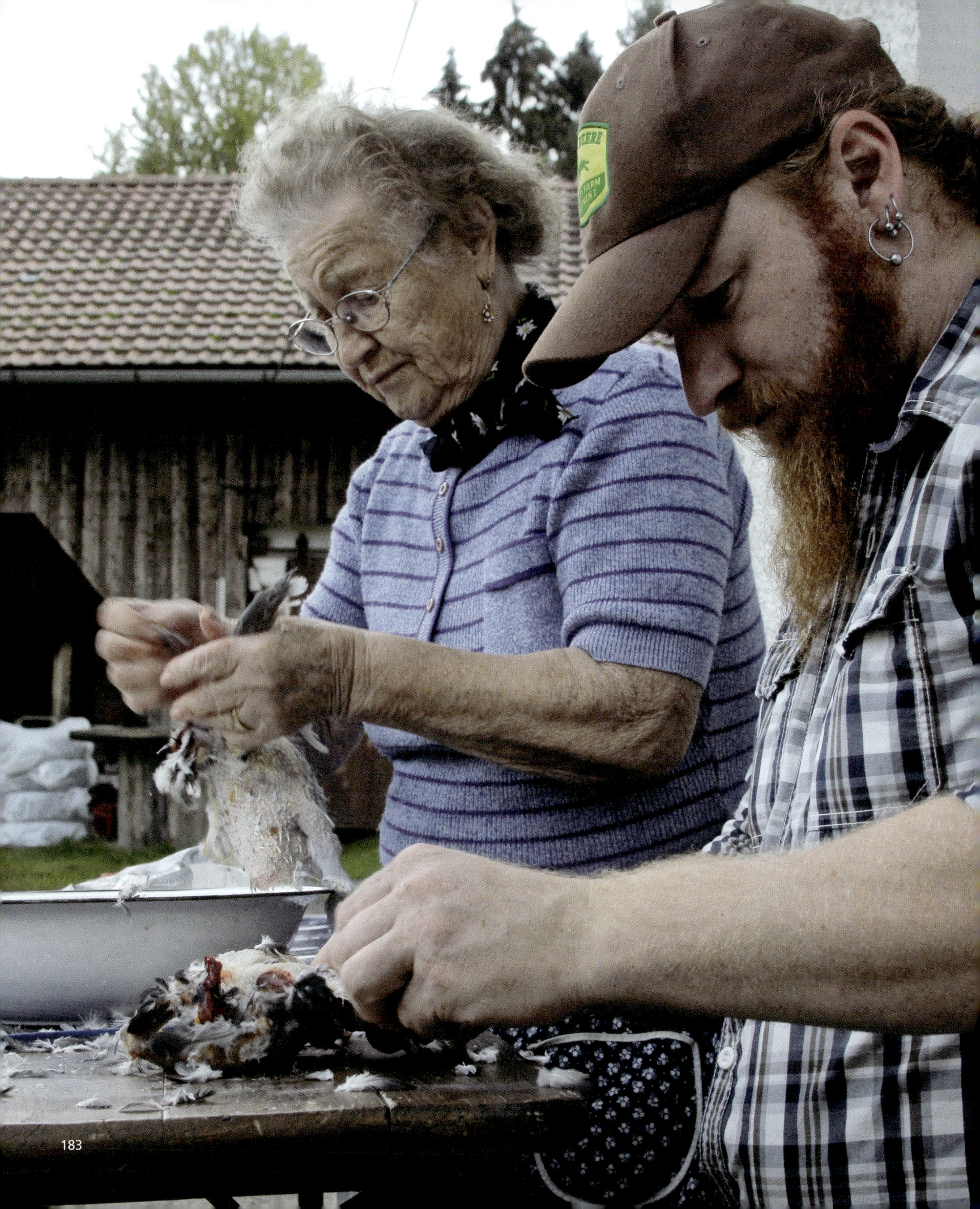

Laufe der Zeit einen engen, nicht allzu großen Kundenstamm aufgebaut. Im Umfang so verhältnismäßig, dass immer noch genug Zeit für private Dinge im Leben bleibt.

Der Rocker privat
Denn ein Privatleben ist Lucki Maurer mindestens ebenso wichtig wie seine berufliche Karriere. Nicht nur mit seiner Band schafft er sich daher einen effektiven Ausgleich, sondern auch zusammen mit seiner Frau Stephanie sowie Freunden und Kollegen. Und was könnte besser zu einem echten Rocker passen als Fleisch, Bier und Feuer? Regelmäßige Grillabende sind daher bei den Maurers Pflicht. Den ganzen Sommer über nutzt er fast jeden freien Tag dafür, die Kohle zum Glühen zu bringen und seine „Kumpels" anzurufen, die dann kurze Zeit später mit einem Sixpack Bier bei ihm auf dem Hof erscheinen.
Die Gestaltung der Grillabende sieht dann immer ganz unterschiedlich aus. Von ausgelassenen, feuchtfröhlichen Pool-Partys bis hin zu knisternden, romantischen Lagerfeuern und ruhigen Gitarrenklängen – natürlich spielt Lucki selbst – ist schon alles dabei gewesen. Viele Freunde von Lucki sind ebenfalls Landwirte oder haben zumindest einen Bezug zur Lebensmittelbranche. Gut für ihn, denn irgendwie hat es sich unter den Freunden so eingespielt, dass jeder auch etwas von seinen Produkten zum Grillen mitbringt. Der Ziegenbauer-Kumpel hat dann schon mal ein ganzes Zicklein im Gepäck, das dann seinen Weg auf den Grill findet, und der befreundete Metzger nutzt die geselligen Runden, um neue Wurstkreationen auszuprobieren. Am liebsten isst Lucki aber seine eigenen Produkte. Klar, nichts geht bei ihm über ein kräftiges, saftiges Stück Wagyu-Beef, „aber nicht nur Steaks kommen bei mir auf den Grill, sondern auch gerne alles, was fliegt". Denn zusätzlich hält er auf Hof Schergengrub auch Tauben, Enten, fränkische Landgänse und Hühner. Zum Verkauf sind sie allerdings nicht gedacht, ausschließlich der Selbstversorgung soll das Federvieh dienen, „und meine Kumpels haben natürlich auch was davon". Geht es dann um die Wahl der Beilagen, wie Gemüse oder Salate, oder auch um Zutaten für eine leckere Nachspeise, verfolgt er ebenfalls persönliche Grundsätze: Vom Bauern im nahen Umkreis sollen jene sein, niemals aber von irgendeinem, sondern von Landwirten aus dem engeren Bekanntenkreis, denn „nicht alle Produkte, die regional angeboten werden, sind auch automatisch gute Produkte. Ich gucke da vorher schon auch genau hin. Ich bin aber niemand, der nicht auch mal konventionell einkaufen geht, und schon gar keine Person, die mit dem Finger auf andere zeigt."

IMMER HER MIT DEM FLEISCH

FLEISSARBEIT

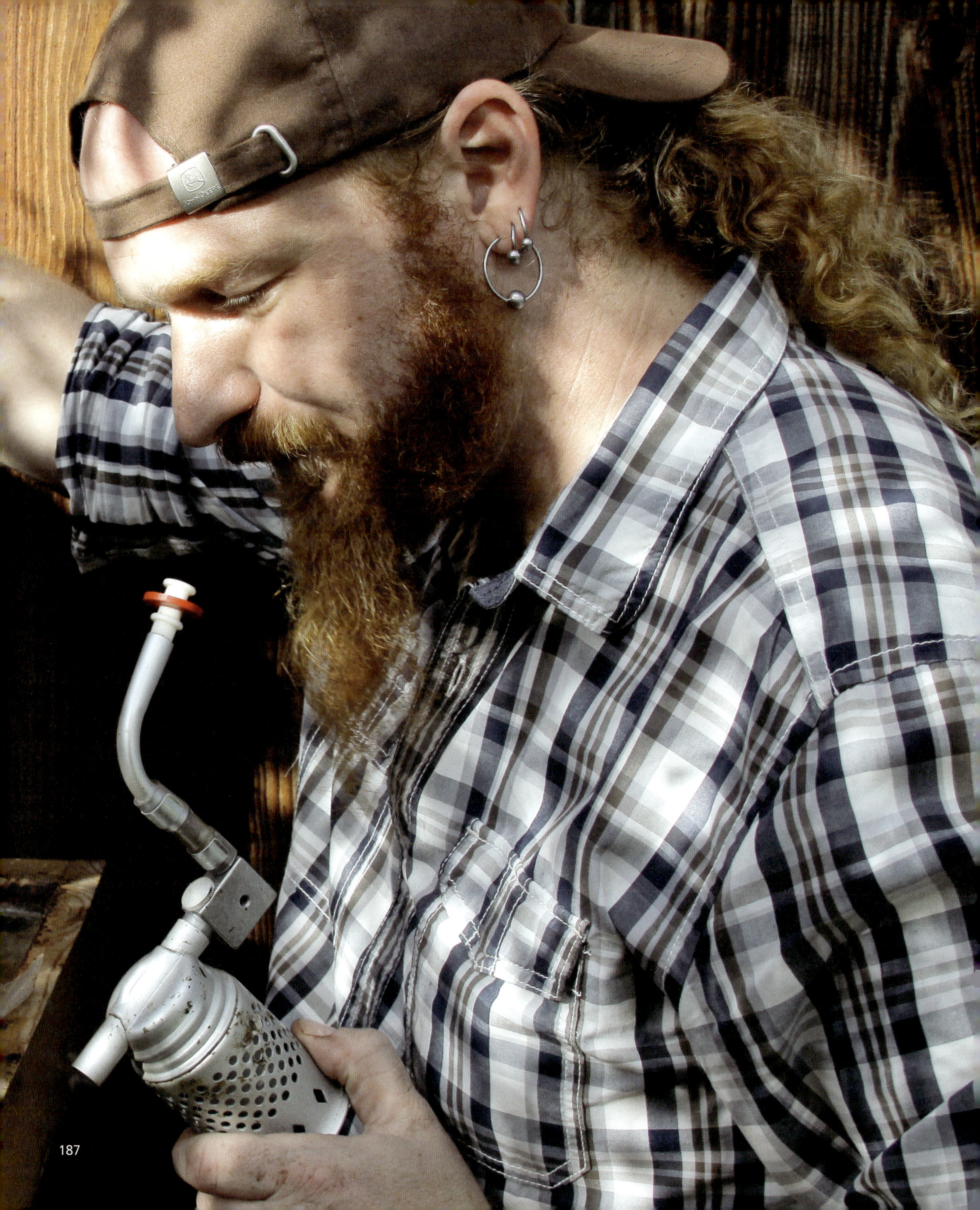

Technik und Equipment
Rösle-Kugelgrill • Grillpfanne • Grillhandschuh • Holzkohle • indirekte Hitze

1 Ei • 100 g Wammerl (Bauchspeck vom Schwäbisch-Hällischen Schwein) • 80 g Waldpilze (Steinpilze, Rotkappen, Maronen, Birkenpilze, Pfifferlinge, je nach Größe geschnitten) • 30 g Zwiebel, gewürfelt • 40 g Butter • 100 g gekochte Kartoffeln, festkochend • 1 EL Salz • 1 EL Zucker • grober schwarzer Pfeffer aus der Mühle • Schnittlauch, fein geschnitten

Bauernfrühstück: die Hälfte des Specks in Streifen schneiden und zusammen mit den Zwiebelwürfeln und der Butter in eine Pfanne geben. Nun die Kartoffeln dazugeben und alles rasch anbraten. Die Pilze zugeben und alles mit Salz, Zucker und Pfeffer abschmecken. Zum Schluss das Bauernei als Spiegelei braten und alles mit dem restlichen Schweinebauch und fein geschnittenem Schnittlauch garnieren.

BAUERNFRÜHSTÜCK DE LUXE

190

HOPFENDOLDEN

KRONFLEISCH VOM WAGYU IN WACHOLDER-SENF-MOP MIT HOPFENDOLDEN GERÄUCHERT

Technik und Equipment
Rösle-Kugelgrill • Barbecue Basting Mop • Räucherbox • Grillrost • Grillzange • Grillhandschuh • Holzkohle • indirekte/direkte Hitze

Wacholder-Senf-Würze: 2 EL Wacholderbeeren • 1 Zwiebel • 50 g Honig • 100 g grober Senf • 2 Chilischoten, fein gehackt • 1 EL Salz • Pfeffer • 1 EL Zucker • **Kronfleisch:** 1 Skirt, ca. 250–350 g (Saumfleisch) • Salz • Zucker • 5 Hopfendolden • 2 Wacholderzweige, Nadeln abgezupft • 80 g Räuchermehl

Wacholder-Senf-Würze: die Wacholderbeeren in der Pfanne anrösten und danach grob mörsern. Die Zwiebel in kleine Würfel schneiden und mit Honig, Senf, Chili, Salz, Pfeffer und Zucker zu einem Mop zusammenrühren.

Kronfleisch: das Fleisch vom Fett und groben Sehnen befreien und mit Salz und Zucker würzen. Mit der Würze bestreichen und 45 Minuten bei 65° C smoken. Dabei das Fleisch immer wieder mit der Würze bestreichen. Anschließend von beiden Seiten scharf angrillen. 10 Minuten vor Garende die Rösle-Räucherbox mit der Mischung aus Hopfendolden, Räuchermehl und Wacholdernadeln zum Glimmen bringen und in den Kugelgrill geben.

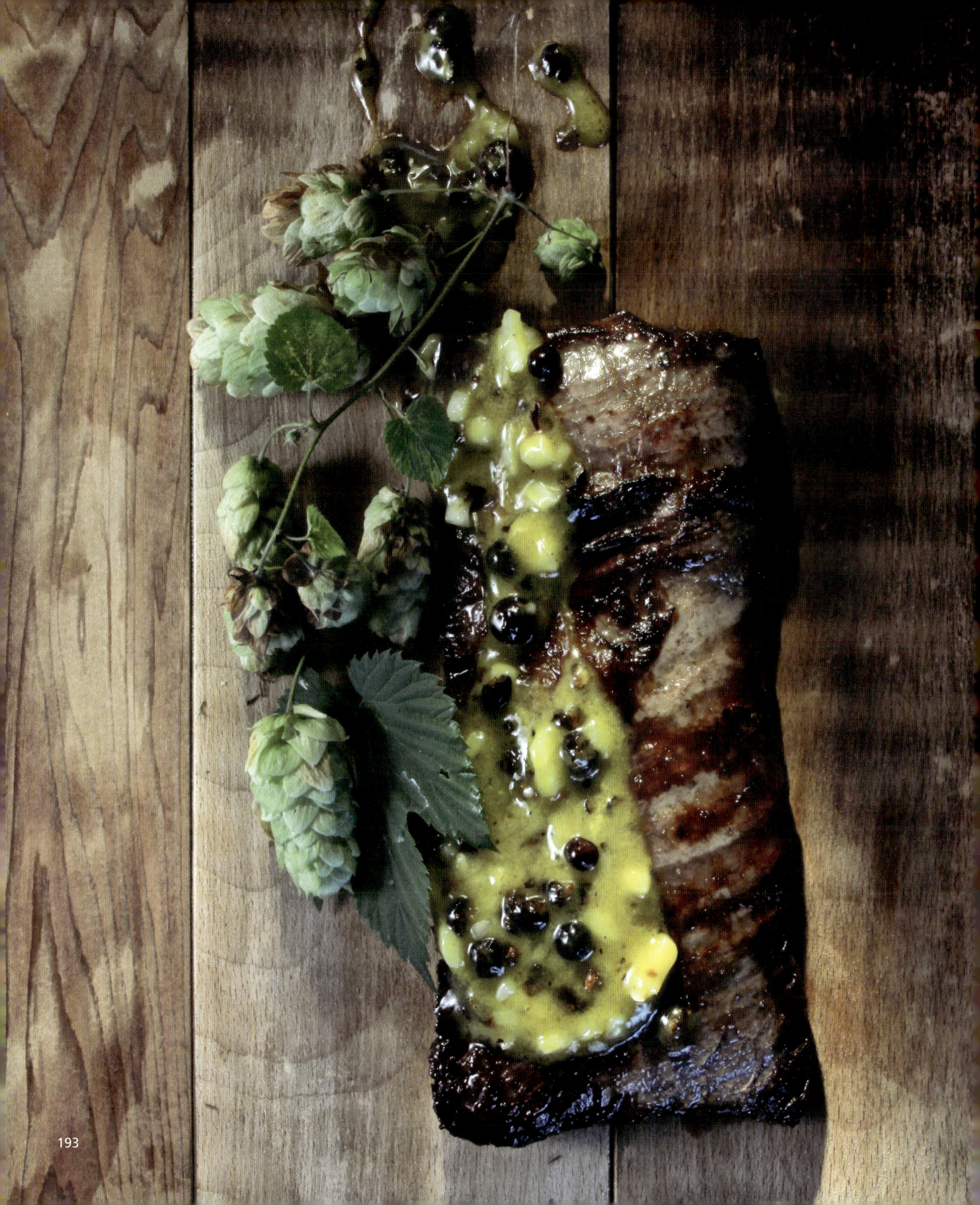

SENGZELTEN MIT WAGYUSCHINKEN ODER SCHWEINEBAUCH
SAURE SAHNE UND SCHAFGARBE

Technik und Equipment
Rösle-Kugelgrill • Pizzastein • Grillhandschuh • Holzkohle • indirekte Hitze

Vorteig: 265 g Weizenmehl Type 1050 • 250 ml Wasser • 3 g Hefe • **Sauerteig:** 410 g Sauerteig • 518 g Vorteig • 200 g Roggenmehl Type 1150 • 7 g Hefe • 15 g Salz • **Sengzelten:** 400 g Brot-Sauerteig • 150 g Wagyuschinken oder Schweinebauch • 8 EL saure Sahne • 16 Stängel Schafgarbe • 1 EL Salz • 1 EL Zucker • Schnittlauch • grober schwarzer Pfeffer aus der Mühle

Vorteig: alles umrühren und bei Zimmertemperatur 12 bis 16 Stunden gehen lassen.
Sauerteig: alle Zutaten 4 bis 6 Minuten zu einem glatten Teig kneten, ca. 30 Minuten ruhen lassen.
Sengzelten: Teig dünn ausrollen, mit saurer Sahne und den weiteren Zutaten belegen und auf dem vorgeheizten Pizzastein bei 220° C knusprig backen.

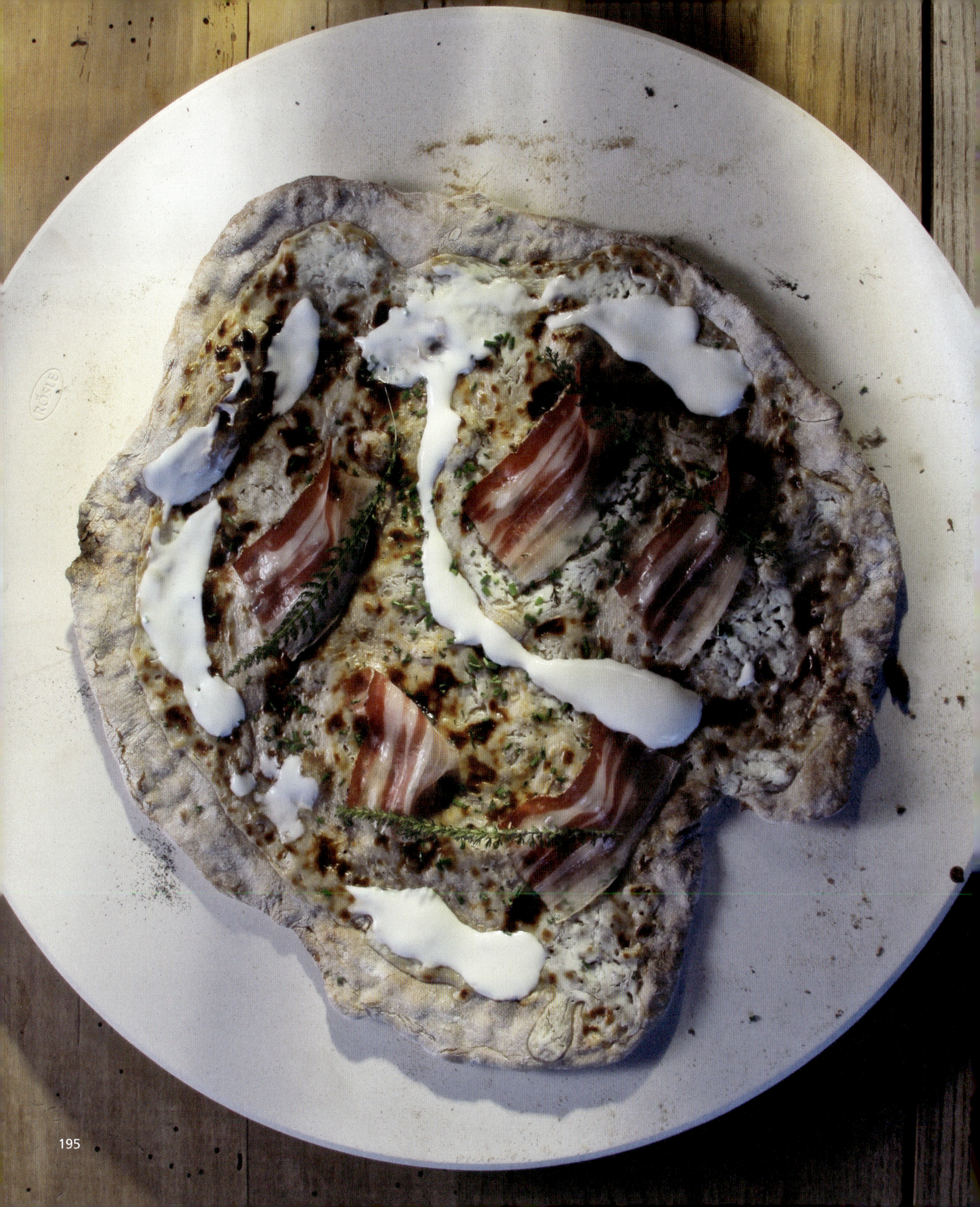

LUCKIS RINDERFILET & CAESAR SALAD

Technik und Equipment
Rösle-Kugelgrill • Grillzange • Grillhandschuh • Grillrost • Holzkohle • direkte Hitze

Rezept für 2 Personen
1 Rinderfilet im Ganzen, ca. 300 g Mittelstück • 1 Romanasalat • 1/2 Baguette vom Vortag • 1 Stück Parmesan • 1 Zitrone • Olivenöl • Fleur de Sel • grober schwarzer Pfeffer • **Caesar Dip:** 1 Eigelb • 1/2 TL Dijonsenf • 40 ml Sonnenblumenöl • 10 ml Olivenöl • Saft von 1/2 Zitrone • 1/2 TL Kapern • 1 Sardellenfilet • 15 g geriebener Parmesan • 1 TL Kapernfond • 1 TL Essiggurkenfond • Salz • Pfeffer

Den Grill gut anfeuern. Währenddessen das Fleisch von Sehnen und Fett befreien. Das parierte Rinderfilet anschließend von allen Seiten salzen und bei relativ starker Hitze rundherum scharf angrillen. Anschließend das Fleisch rundherum mit grobem Pfeffer würzen. Im auf 80° C vorgeheizten Backofen 45 bis 60 Minuten weitergaren, bis eine Kerntemperatur von 54° C erreicht ist. Den Romanasalat von den äußeren Blättern befreien, halbieren und unter fließendem Wasser kurz waschen und wieder trocken tupfen. Nun den Strunk mit dem Messer nur so weit entfernen, dass die Blätter noch zusammengehalten werden. Den Salat anschließend mit Salz, Pfeffer, Zitronensaft würzen und mit Olivenöl beträufeln und direkt auf den Grill legen. Dann von beiden Seiten ca. 2 Minuten grillen. Das Baguette ebenfalls nur mit Olivenöl einreiben und mit auf dem Grill rösten.
Caesar Dip: das Eigelb mit dem Dijonsenf vermengen und mit den beiden Ölen im Mixer emulgieren. Die Kapern mit der Sardelle fein hacken und mit dem Zitronensaft, Kapernfond, Essiggurkenfond und dem geriebenen Parmesan untermixen. Mit Salz und Pfeffer abschmecken.

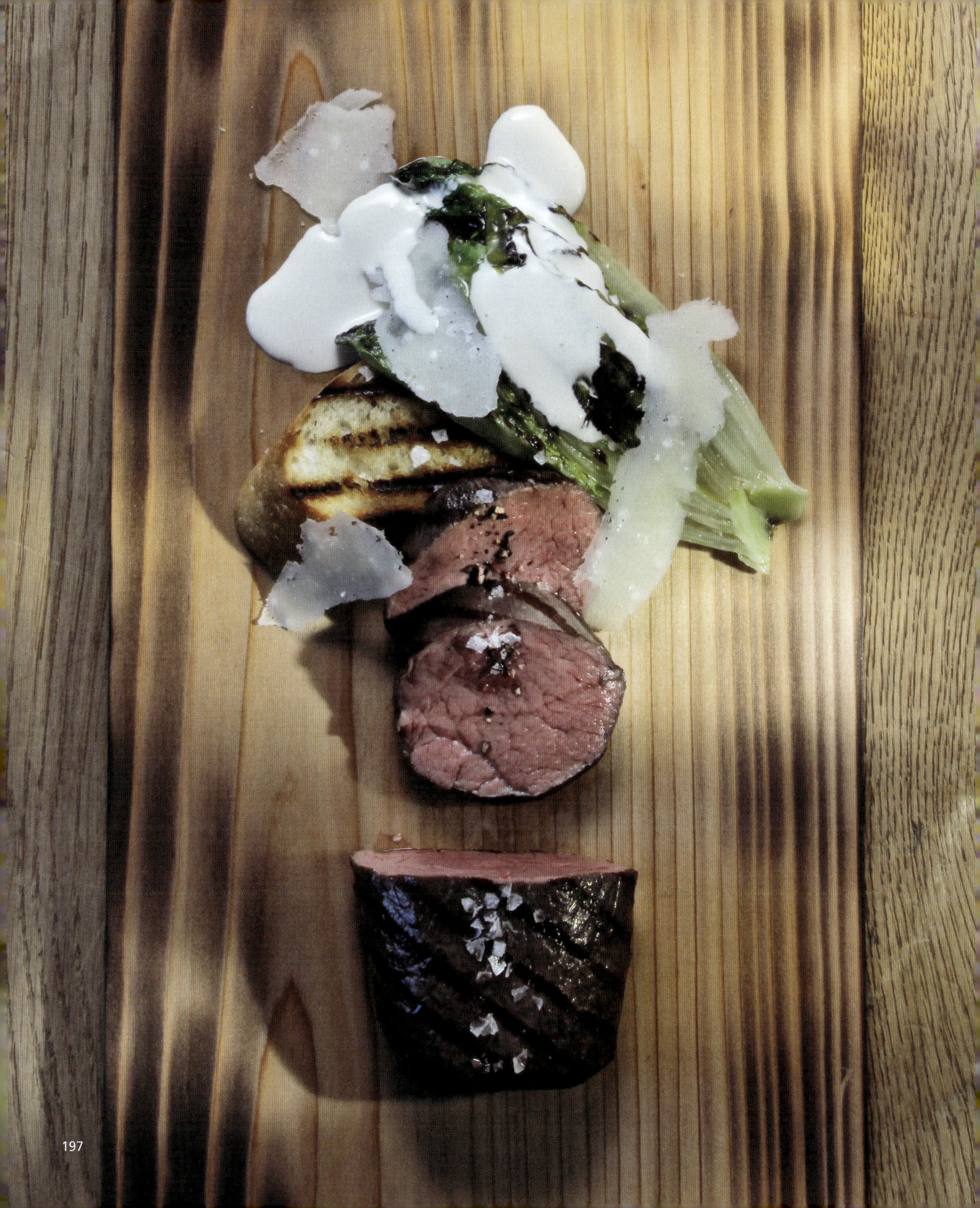

Technik und Equipment
Rösle-Kugelgrill • Hähnchenbräter • Marinadepinsel • BBQ Grillschale • Grillhandschuh • Grillrost • Holzkohle • indirekte Hitze

Täubchen: 2 EL Honig • grober schwarzer Pfeffer aus der Mühle • 2 EL Sojasauce • 1 junge Taube • 1 TL Paprikapulver (edelsüß) • 1 EL Salz • 1 EL Zucker • 2 Zweige Bohnenkraut • 1 Zweig Wacholder • 1 angedrückte Knoblauchzehe • **Graupen-Risotto:** 1 Taubenklein (Innereien: Magen, Herz und Leber) • 50 g Butter • 6 Schalotten, gewürfelt • 100 ml grüner Veltliner • 400 g Perlgraupen • 200 g Bergkäse • 200 ml Geflügelbrühe • 4 EL geschlagene Sahne • 4 Rosmarinzweige • 4 Thymianzweige • 4 frische Lorbeerblätter • 5 EL eingeweichte Senfsaat • Salz • Pfeffer • Zucker • Schnittlauch

Täubchen: aus Honig, Pfeffer und Sojasauce eine Marinade herstellen. Die Taube mit dem Paprikapulver, Salz und Zucker einreiben. Danach mit dem Bohnenkraut, Wacholder und der Knoblauchzehe füllen. Mit der Marinade einstreichen. Anschließend bei 80° C 45 Minuten im geschlossenen Kugelgrill bei indirekter Hitze garen. Zum Schluss die Taube nochmals mit der Marinade einstreichen und bei 180° C grillen.

Graupen-Risotto: Die Taubeninnereien klein hacken und in einem Topf in der Butter leicht andünsten. Wieder aus dem Topf nehmen und beiseitestellen. Dannach die Zwiebeln und die Graupen mit Rosmarin, Thymian und Lorbeer in der Butter anschwitzen. Mit dem Weißwein ablöschen und reduzieren. Anschließend mit heißer Geflügelbrühe nach und nach auffüllen. Zum Schluss den Bergkäse grob hobeln und mit den Taubeninnereien und der Senfsaat unterheben. Mit Salz, Pfeffer und Zucker abschmecken und kurz vor dem Servieren die geschlagene Sahne und den Schnittlauch zugeben.

TÄUBCHEN
MIT BOHNENKRAUT, WACHOLDER UND TAUBENKLEIN-GRAUPEN-RISOTTO

PREISELBEERSCHMARRN
MIT STAUBZUCKER UND WARMEM MISPELLIKÖR

Technik und Equipment
Rösle-Kugelgrill • Grillpfanne • Barbecue-Kanne • Grillrost • Grillhandschuh • Holzkohle • indirekte Hitze

6 Eigelb • Salz • 1 EL Zucker • Mark von 1 Vanilleschote • 500 g Mehl • 250 ml Milch • 50 g zerlassene Butter • 6 Eiweiß • 16 EL frische Preiselbeeren • 4 EL Puderzucker • 200 ml Mispellikör • 1 EL Butter

Eigelb mit 1 Prise Salz und 1 gehäuften EL Zucker schaumig aufschlagen. Das Vanillemark zugeben und nach und nach abwechselnd 1 EL Mehl und Milch einrühren, bis alles aufgebraucht ist. Anschließend die zerlassene Butter einrühren. Eiweiß zu einem festen Eischnee aufschlagen und mit einem Löffel langsam und gründlich unter die Teigmasse heben. Es sollten keine Eiweißflocken mehr zu sehen sein. Butter in eine Pfanne geben und heiß werden lassen. Den Teig zugeben und anschließend die Preiselbeeren darauf verteilen. Beidseitig goldbraun backen. Den Schmarrn mit Puderzucker und warmem Mispellikör servieren.

Ludwig Maurer

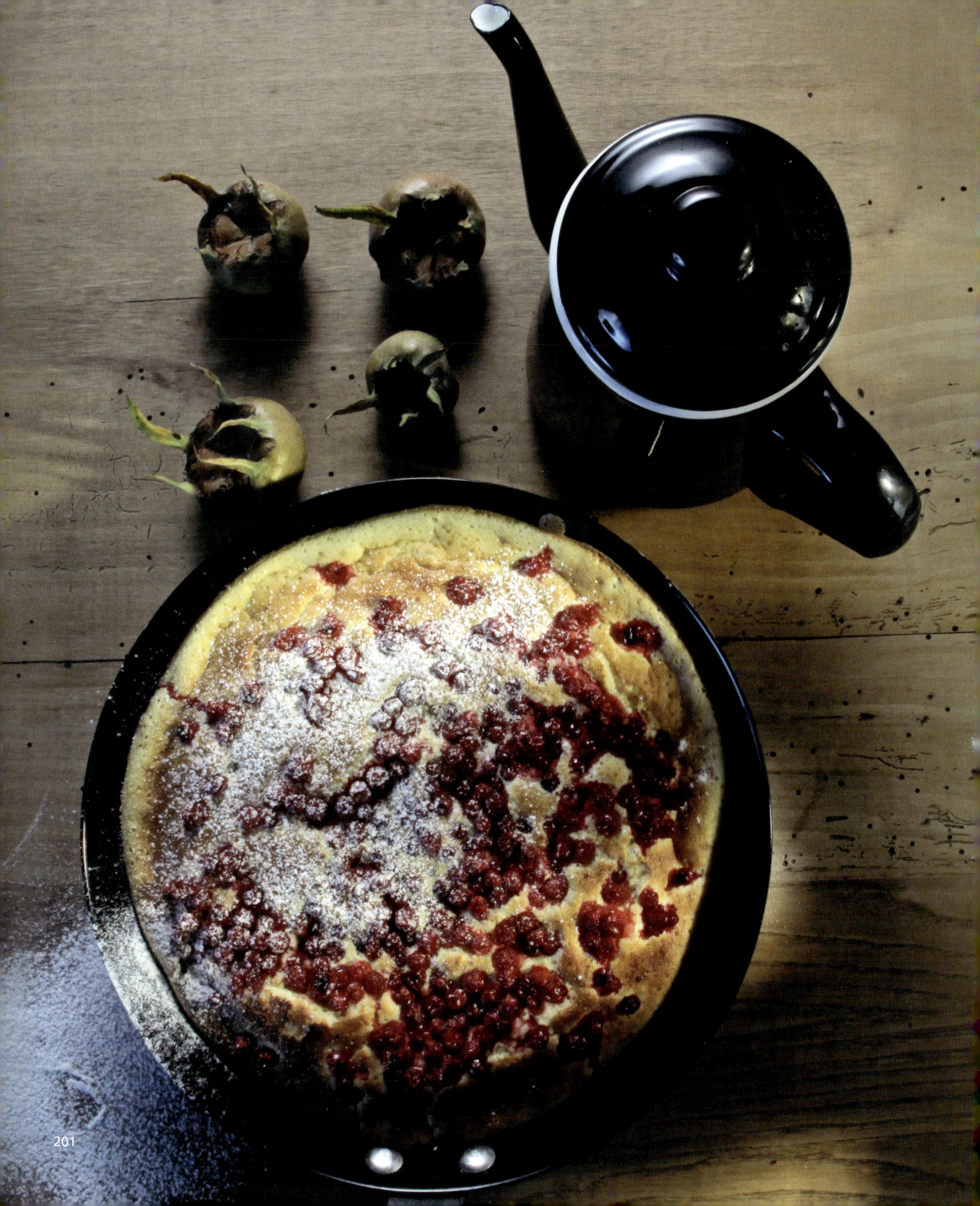

HEILIGE FEUERSTÄTTE

Moderne Grills sind mit ausgereifter Technik ausgestattet: Die Temperatur lässt sich überprüfen und steuern. Außerdem stehen viele Features zur Verfügung, mit denen sich ein Grill ordentlich „aufpimpen" lässt. Neben den altbekannten Marken tauchte vor nicht allzu langer Zeit ein weiterer Anbieter mit einem Premium-BBQ-Sortiment auf. Die Marke Rösle. Bislang als Hersteller von hochwertigen Küchenhelfern bekannt, tritt man nun an, neue Geschäftsfelder sinnvoll zu bedienen. Wir haben uns im Sortiment ein wenig umgesehen.

Kohle oder Gas?

Welcher Grill garantiert mir die knuspristen Würstchen und das schmackhafteste Steak? Bei dieser Frage gehen die Meinungen weit auseinander, und eine eindeutige Antwort wird es darauf wohl niemals geben, denn über Geschmack lässt sich bekanntlich nicht streiten. Fakt ist aber, dass jedes der Systeme seine Vor- und Nachteile hat. Rösle-Grills gleichen jedoch durch intelligente Features an den einzelnen Produkten sowie mit außergewöhnlichem Extra-Grillzubehör viele dieser Mankos aus.

Systemvergleich – Beständigkeit

Die Traditionalisten unter den Grillmeistern sind überzeugt, dass echtes Grillfeeling nur durch einen Holzkohlegrill zu erreichen ist. Das Fleisch bekommt einen rauchigen Geschmack, und der charakteristische Duft macht Hunger auf mehr. Auch das Knistern und Knacken beim Anzünden durch Holzscheite gehört für viele Begeisterte zum absoluten Grillvergnügen dazu. Dafür wird sogar eine längere Vorbereitungszeit in Kauf genommen, denn Holzkohle braucht mindestens eine halbe Stunde, bis sie die richtige Betriebstemperatur erreicht hat. Den Rösle-Holzkohle-Kugelgrill gibt es in zwei verschiedenen Ausführungen: eine kleine sportlichere Version und eine größere Variante, beide perfekt für den heimischen Garten.
Die Nachteile eines traditionellen Holzkohlegrills werden einem vor allem dann bewusst, wenn mehrere Personen versorgt werden müssen, denn das ständige Nachlegen und gleichzeitige Temperieren der Kohle ist nicht ganz einfach.

Auf Abruf bereit

Der Gasgrill ist eine gute Alternative zum traditionellen Holzkohlegrill, vor allem für die bequemeren Grillfans. Da eine geringere Brandgefahr besteht, eignet er sich sogar hervorragend zum Grillen auf dem Balkon. Die richtige Grilltemperatur ist bereits innerhalb weniger Minuten erreicht und lässt sich je nach Belieben regulieren. Beim Rösle-Kugelgrill wird die Gasflasche platzsparend direkt unter dem Grill in eine besondere Halterung gesetzt. Sicher hat ein Gasgrill auch Nachteile. Die Anschaffung ist teurer, da die technische Anforderung um einiges höher ist als bei einem Holzkohlegrill. Und das typische Holzkohle-Grillaroma bleibt auf einem Gasgrill natürlich aus.

Grilltechnik

Viele Grillmeister bereiten ihr Fleisch nur auf eine Art und Weise zu. Bei einem Holzkohlegrill liegt das Steak dabei direkt auf dem Rost, unmittelbar über der Glut. Die kann allerdings bis zu 800 Grad heiß werden, wodurch das Fleisch schnell verbrennen kann. Richtig ist es, das Fleisch, wenn es nicht dicker als 2,5 cm ist, nur einmal zu wenden. Nach einer anschließenden kurzen Ruhephase kann es dann verzehrt werden. Bei einem Gasgrill lässt sich die Temperatur manuell und schnell anpassen, wodurch die Gefahr des Verbrennens verschwindend gering ist. Trotzdem besteht auch hier das Problem, dass das Fleisch außen meist mehr als gar, innen jedoch noch roh ist.

In der Ruhe liegt die Kraft

Eine alternative Methode ist die des indirekten Grillens. Das Fleisch liegt dabei nicht über, sondern neben der Glut, oftmals aber – wegen des heruntertropfenden Fetts – über einer Schale mit Wasser. Der Kohlerost darf nur bis zur Hälfte bedeckt sein, damit das Fleisch genug Abstand zur Glut hat. Kugelgrills sind am besten für diese Methode geeignet. Dort können die heiß-feuchte Luft und der Rauch optimal zirkulieren. Das Fleisch wird so bei 150 bis 200 Grad auf schonende Weise gegart.

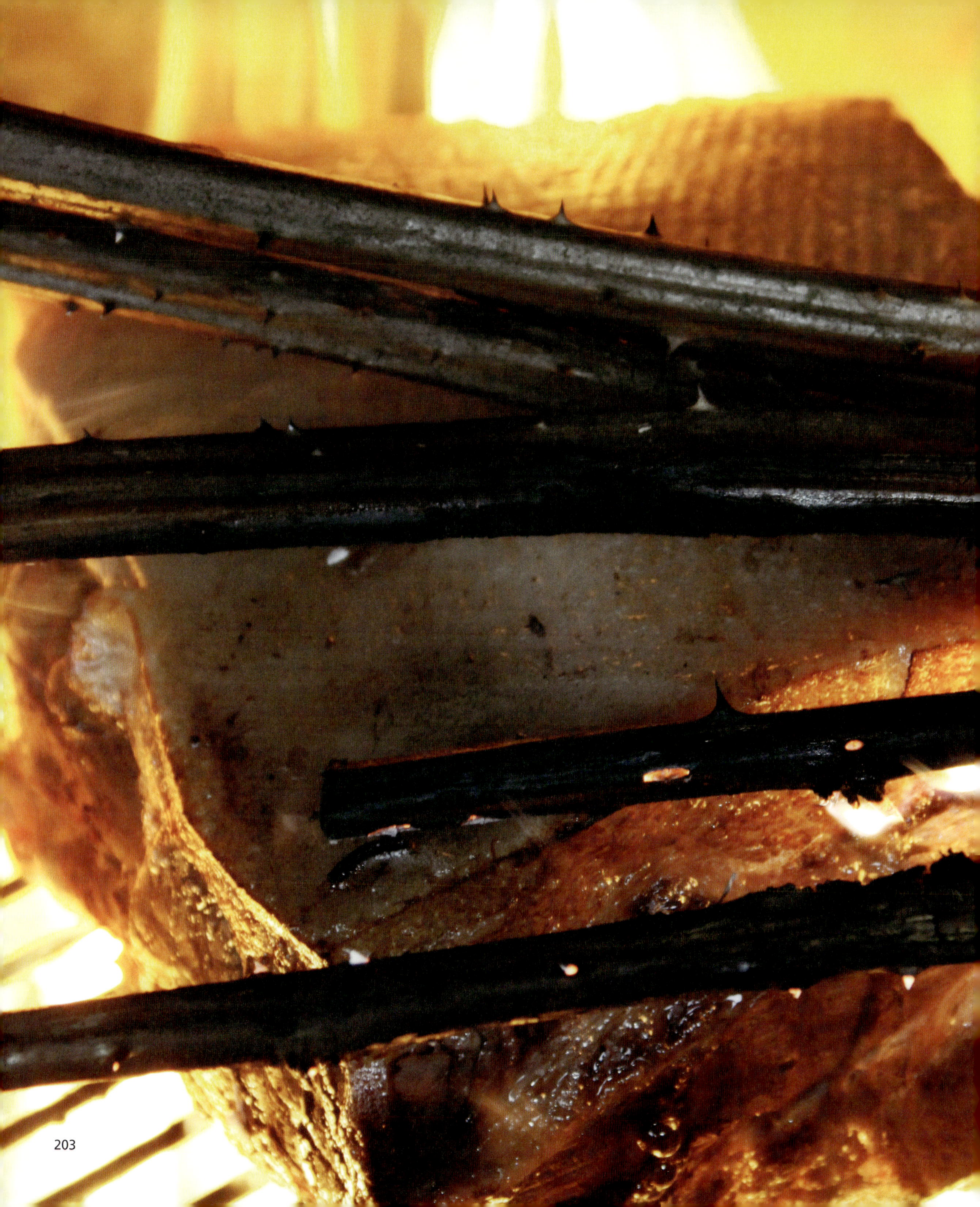

MÄNNERSPIELZEUG

Drei-Zonen-Glut

Die dritte Grillmethode entsteht durch die Benutzung eines **Wende-Kohlerosts** (1) und der Einteilung der Kohle in unterschiedlich große Anhäufungen. Bei dieser Vorgehensweise lässt sich die Hitze gut regulieren; es muss weder auf das direkte noch auf das indirekte Grillen verzichtet werden. Der **Warmhalterost** (2) – dieser hat den größten Abstand zur Glut – kann dabei für das Fleisch als Ruhezone dienen.

Sous-vide-Garen

Bei dieser Technik wird vakuumiertes Fleisch in einem Wasserbad bei niedriger Temperatur schonend gegart und erst anschließend scharf angegrillt. Der Vorteil dabei ist, dass die Flüssigkeit sowie Geschmacks- bzw. Aromastoffe des Fleischs nicht verloren gehen können. Mit dieser Methode lassen sich in kurzer Zeit große Mengen grillen – ideal also für Partys.

Tipps und Tricks
Anzünden und Handhabung

Einen Holzkohlegrill zu entzünden, dauert eine gewisse Zeit und fordert viel Geduld. Briketts und Kohle brauchen genug Hitze und Sauerstoff, damit ihre Glut nicht erlischt. Es sollte nur mit handelsüblichen Anzündhilfen gearbeitet werden, denn Benzin oder Brennspiritus kann zu einer gefährlichen Stichflamme führen. Aus diesem Grund ist es wichtig und auch Vorschrift, einen Holzkohlegrill ausschließlich unter freiem Himmel zu benutzen. Der **Anzündkamin** (3) hat sich bisher als bestes und einfachstes Anzündhilfsmittel erwiesen. Diesen durch die obere Öffnung bis zum Rand mit Kohle oder Briketts befüllen. Danach zwei Grillanzünder auf den Grill legen, zum Brennen bringen und den Anzündkamin daraufstellen. Durch den Kamineffekt wird die heiße Luft durch die Löcher im Boden des Anzündkamins nach oben gesaugt und die Kohle bzw. Briketts werden entzündet. Ist sie durchgeglüht, kann die Kohle in den Grill gefüllt werden. Der Edelstahlkamin sollte trotz Hitzeschutz mit Handschuhen angepackt werden. Schüttet man die Kohle aus dem Kamin in einen im Grill liegenden **Kohlekorb** (4), wird somit für gleichmäßige Hitze gesorgt. Durch das individuelle Verschieben des Korbes kann außerdem schnell auf indirekte Hitze gewechselt werden. Mit dem praktischen seitlich klappbaren **Grillrost** (5) ist ein Nachfüllen der Kohle auch während des Grillvorgangs möglich, ohne den Rost vorher vom Grill nehmen zu müssen. Der Gasgrill wird durch eine elektronische Zündung in Betrieb genommen. Nach einigen Minuten hat er die geeignete Grilltemperatur erreicht und kann genutzt werden. Die Schläuche sollten regelmäßig auf Löcher, Risse oder korrodierendes Metall geprüft, die Gasflaschen stets stehend und kühl gelagert und auf Dellen und Schäden untersucht werden.

Basiswerkzeug

Für ein gutes Steak oder ein paar knackige Würste reicht die Grundausstattung an Grillzubehör völlig aus. Dazu zählen z. B. die typische **Barbecue-Grillzange** (6), die zum Belegen oder Entfernen von Grillgut benutzt wird, oder die **Kohlezange** (7) zum Umlagern oder Verschieben der Kohle. Bekannt sind auch diverse Grillwender. Rösle bietet drei Stück in unterschiedlichen Größen an, die jeweils passend auf das Grillgut abgestimmt sind: den **Barbecue-Wender** (8), **Fischheber** (9) und **Grillspachtel** (10). Sie haben alle eine schräg abgeschliffene Kante, wodurch Fisch, Fleisch und Gemüse schnell und einfach vom Rost gelöst werden können. Der Fischheber hat eine besonders breite Fläche, die es ermöglicht, einen ganzen Fisch zu drehen oder zu entnehmen. Der Grillspachtel ist perfekt für kleineres Grillgut geeignet. Mit der **Aluminiumschale** (11) unter dem Grillrost kann das Fett oder der Bratensaft aufgefangen sowie eine starke Rauchentwicklung verhindert werden. Auch der **Marinadepinsel** (12) oder die **Reinigungsbürste** (13) sollten sich in jeder heimischen Grill-Basisausstattung wiederfinden. Das Besondere an der Rösle-Reinigungsbürste ist, dass sie vier kleine Rundbürsten besitzt, die beliebig oft ausgetauscht werden und aufgrund ihrer Anordnung auch in die kleinsten Ecken vordringen können.

Perfektes Temperieren

Außen scharf angebraten und innen rosa, so lieben die meisten ihr Steak. Mithilfe des **digitalen Bratenthermometers** (14) können das Fleisch und seine Temperatur genau überwacht und der ideale Garpunkt kann bestimmt werden. Zwei Sensoren messen sowohl die Grill- als auch die Fleischtemperatur. Voreinstellungen für Lamm-, Schweine-, Geflügel- und Rindfleisch sind hinterlegt. Auch das eingebaute **Thermometer im Deckel** (15) des Kugelgrills unterstützt die Hitzekontrolle. Besonders beim indirekten Grillen kann, ohne den Deckel zu öffnen und ohne den damit einhergehenden Hitzeverlust, die Temperatur im Auge behalten werden. Auch die **Lüftung** (16) unterhalb des

205

FÜR FORTGESCHRITTENE

Kugelgrills kann zusätzlich zur Temperaturregelung benutzt werden. Das **Gourmet-Thermometer** (17) ist vorwiegend für schnelle Temperaturanzeigen gedacht. Binnen fünf Sekunden wird auf dem beleuchteten Display die Temperatur angezeigt.

Grillen für Fortgeschrittene
Möchte man mit außergewöhnlicheren Zubereitungen glänzen und seinen Grillhorizont erweitern, lohnt es sich, diverse Extra-Zubehörteile anzuschaffen. Mit dem **Fischhalter** (18) ist es z. B. möglich, ganze Fische entweder auf dem Rücken oder dem Bauch zu befestigen und dann zu grillen. Außerdem ist er individuell größenverstellbar. Der **Braten- und Rippchenhalter** (19) ist beidseitig nutzbar. Es können auf der einen Seite bis zu sechs Rippchen gleichzeitig gegrillt werden, auf der anderen Seite findet ein ganzer Braten Platz. Der Halter mit **Grillspießen** (20) kann in jeweils vier unterschiedliche Positionen gedreht werden. Durch die Doppelspieße wird beim Drehen das Verrutschen des Grillguts verhindert. Die **Grill- und Maronenpfanne** (21) eignet sich besonders zum Grillen von Gemüse, Obst und Maronen, da durch die Lochung am Boden und den Seiten ein gleichmäßiges Garen garantiert und das Kochen im eigenen Saft verhindert wird. Für Pizza, Brot oder Flammkuchen eignet sich der **Pizzastein** (22) aus Schamott. Mit der speziellen gusseisernen **Wende-Grillplatte** (23) entsteht durch die geriffelte Seite das typische Grillmuster auf dem Fleisch. Auf der anderen, glatten Seite lässt sich kleines Grillgut garen. Auch die porzellanemaillierten **Grillschalen** (24) sind vielseitig anwendbar. In ihnen kann gebraten, gedünstet, mariniert und aufbewahrt werden. Mit der speziellen **Barbecue-Muffinform** (25) aus Stahlblech können durch indirektes Grillen sogar Muffins gebacken werden.

Aromatisieren
Jeder kennt ihn, und für die meisten Menschen gehört er zum Grillen einfach dazu: der rauchige Geschmack des Stück Fleischs. Mithilfe einiger Zubehörteile ist es jedoch möglich, dem Grillgut auch noch andere, intensivere Geschmacksnuancen zu verleihen. Hierfür kann z. B. eine **Marinierspritze** (26) benutzt werden. Mit einem Pinsel wird die Marinade nur oberflächlich aufgetragen, und häufig bleibt beim Grillen die Hälfte am Rost hängen oder tropft gemeinsam mit dem Fett hinunter. Mit der Marinierspritze ist es jedoch möglich, die Marinade direkt in das Fleisch zu injizieren. Dadurch bekommt es einen besonderen und intensiveren würzigen Geschmack. Für ein ausgeprägteres rauchiges Aroma kann die **Räucherbox** (27) verwendet werden. Diese muss vor Gebrauch mit Räucherchips befüllt werden. Chips werden in verschiedenen Hölzern angeboten. Vor Gebrauch sind diese zu wässern, damit sie nicht zu schnell verbrennen. Beim sogenannten Plank-Grilling werden Fleisch, Fisch oder Gemüse auf einer **Zedernholzplatte** (28) über der Glut gegart. Auch diese muss vorher mehrere Stunden in Wasser oder je nach Geschmack in Bier, Wein oder Whiskey eingelegt werden. Einerseits wird dadurch verhindert, dass die Holzplatte Feuer fängt, andererseits gibt das Holz beim Trocknen den Geschmack an das Grillgut ab. Wichtig ist, dass der Grill während der Garzeit geschlossen bleibt, damit die Wärme nicht verloren geht.

Besondere Spielzeuge
Aber nicht nur Speisen können auf einem Grill zubereitet werden. Mit der Rösle-**Barbecue-Kanne** (29) ist es möglich, darauf sogar Getränke zu erhitzen und warm zu halten. Die besondere Emaillebeschichtung bringt Glühwein, Tee und Kaffee innerhalb von 15 Minuten auf geeignete Trinktemperatur. Und wenn die Sonne schon untergegangen ist, sich der Hunger jedoch erneut meldet, ist es möglich, mithilfe des **LED-Grillspots** (30) den Grill noch einmal im Dunkeln zu befeuern. Mit dem Metallclip an einem Grill befestigt, kann sein beweglicher Hals je nach Bedarf verstellt und die Grillfläche ausgeleuchtet werden.

Reinigung
Solange der Grillrost noch warm ist, sollte er mit einer Reinigungsbürste von eingetrockneten Fett- und Fleischresten befreit werden. Die Rösle-Grillroste sind klappbar, spülmaschinenfest und daher schnell zu reinigen. Die Bildung von Rost kann durch anschließendes Auftragen einer Ölschicht verhindert werden. Die Asche sollte in dem Ascheauffangbehälter ausglühen und danach entsorgt werden, da sie Feuchtigkeit anzieht, welche wiederum zu Korrosionsschäden führen kann. Nach der Reinigung des Gasgrills sollte dieser noch einmal kurz in Betrieb genommen werden, um die restliche Feuchtigkeit zu trocknen.

207

IMPRESSUM

Texte: Katrin Roland, Alexandra Rothmaler

Rezepte: Heiko Antoniewicz, Tanja Grandits, Jesper Hovmand-Simonsen, Ludwig Maurer, Christian Mittermeier, Sebastian Prüßmann, Erich Schwingshackl und Sascha Stemberg

Art Direction: Petra Gril

ISBN: 978-3-0004-42076-4

© 2015 RÖSLE, Marktoberdorf
Alle Rechte vorbehalten

Anschriften:
RÖSLE GmbH & Co. KG
Geschäftsführerin: Christel A. Brechtel
Johann-Georg-Fendt-Straße 38
87616 Marktoberdorf
Tel. +49 (0) 83 42 / 91 20
info@roesle.de
www.roesle.de, www.roesle-bbq.de

Dieses Werk, einschließlich aller seiner Teile, ist urheberrechtlich geschützt. Jede Verwertung außerhalb der Eigennutzung ist ohne Zustimmung des Verlages nicht erlaubt. Das gilt insbesondere für die Vervielfältigung, Übersetzung, Mikroverfilmung oder die Einspeisung ins Internet oder die Erstellung von elektronischen Medien wie CD-ROM und Video.
Alle in diesem Buch enthaltenen Angaben, Rezepte etc. wurden vom Autor nach bestem Wissen erstellt und von ihm und dem Verlag mit größtmöglicher Sorgfalt überprüft. Gleichwohl sind – wie wir im Sinne des Produkthaftungsrechts betonen müssen – inhaltliche Fehler nicht vollständig auszuschließen. Daher erfolgen die Angaben etc. ohne jegliche Verpflichtung oder Garantie des Verlages oder des Autors. Beide Seiten übernehmen deshalb keinerlei Verantwortung und Haftung für etwaige inhaltliche Unstimmigkeiten.

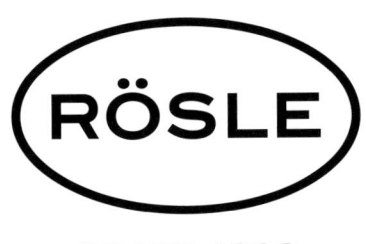

RÖSLE

SINCE 1888